DESTRUCTOR.

"Roma perderá la fe y se convertirá en la sede del Anticristo."
Aparición de la Santísima Virgen en el monte de La Salette, Francia
19 de septiembre de 1846.*

Gracias...

Gracias a Dios por mi vida, por lo que me ha dado y todo lo se ha llevado, por todas las cosas que ha permitido y aquellas que me ha negado... Tú eres Dios, toda sabiduría, todo presente, todo poderoso... Tu amor me ha mantenido vivo y me ha empujado amar a pesar de todo, gracias por mi Señor, tu Hijo unigénito: Jesús, gracias por el Espíritu Santo, gracias por nuestra Santísima Madre María, porque tus Santos Arcángeles y toda tus ángeles, gracias por tu regalo: la Iglesia Católica, gracias por tus siervos Santos: tus sacerdotes quienes profesan tu Santa palabra hasta la muerte, por todo tu pueblo Señor a través de todo el mundo, gracias por tus santos profetas y videntes que te aman... Te doy las gracias por mi esposa, mis 3 hijos, mi madre y toda mi familia, danos la fuerza para seguir tus mandamientos en todas las cosas en la vida y hasta la crucifixión, permítenos el honor a nosotros de morir por tu Hijo y tu Santo Evangelio. Amén.

Bendiciones...

Que Dios los bendiga, que Dios les tenga en Su Misericordia y les dé la gracia de discernir este libro a la luz de su sabiduría eterna.

Que el Espíritu Santo abra su corazón, que limpie su mente y finalmente, les abra los ojos a la verdad. Que Jesucristo le dé la sed de amar a sus enemigos, incluso aquellos que les quieren corromper y poner en peligro su alma. Jesús amaba a Judas hasta su triste final, ¡que Jesús de la fuerza para amar a pesar de la persecución y el horror, el mismo horror que lo tomó y lo clavó en la cruz.

Que nuestra dulce Madre María os enseñare a esperar y estar preparado para el Espíritu Santo, de la misma manera que ella esperó y más luego enseñó a los discípulos. Amén.

INTRODUCCIÓN

En febrero 11 del 2013, el papa Benedicto XVI anuncia su renuncia, un rayo cae en la parte superior del Vaticano [1] a las 5:55 pm...

Se ha profetizado, a fin de que nuestro Señor venga de nuevo, una rebelión (apostasía), debe darse (2 Tes 2: 3).

En marzo de 2013, el obispo de Argentina: Mario Bergoglio se convierte en el nuevo "papa", a pesar de todas las aguas turbias mostradas por sus hechos y palabras durante su obispado, fue elegido por sus pares.

La profecía de San Francisco de Asís dice sobre un hombre que será elegido no-canónicamente y engañará a muchos, en un tiempo, en el que la santidad de la vida y la pureza INMACULADA de su orden serán eclipsadas... recuerden esa palabra: inmaculada. San Francisco dijo que en esos días se nos dará un destructor.

Por Jesús, por la verdad revelada en su esposa la Iglesia Católica, para mi esposa, mis hijos, mi madre y toda mi familia... para ustedes: el Remanente, guerreros de oración, cristianos, hijos de Dios y por todos los que sufren por causa del Reino a venir... sonrían, Jesús viene pronto... gracias a mi querida hermanita María, espero verte pronto. Amén.

Comenzamos en el Nombre del Padre, del Hijo y del Espíritu Santo. Amén.

La profecía de San Francisco de Asís...

Poco antes de morir en 1226, San Francisco de Asís reunió a los miembros de su orden y les advirtió de grandes tribulaciones que caerían sobre la Iglesia en el futuro, diciendo:

Sed valientes, mis hermanos; tened coraje y confianza en el Señor.

El tiempo se acerca rápidamente en el que habrá grandes pruebas y aflicciones; perplejidades y disensiones, tanto espirituales como temporales abundarán; la caridad de muchos se enfriará, Los demonios tendrán un poder inusual, la pureza inmaculada de nuestra Orden, y otras, serán oscurecidas habrá muy pocos cristianos que obedecerán al verdadero Sumo Pontífice ya la Iglesia Romana con corazones leales y caridad perfecta.

En el momento de esta tribulación un hombre, no canónicamente elegido, será elevado al Pontificado, que, por su astucia, se esforzará para dibujar a muchos al error y la muerte.

Los escándalos se multiplicarán, nuestra Orden se dividirá, y muchos otros serán totalmente destruidos, porque van a dar su consentimiento al error en lugar de oponerse a ello.

Habrá tal diversidad de opiniones y cismas entre la gente, los religiosos y el clero, que, si aquellos días no se acortaran, de acuerdo con las palabras del Evangelio, si no fuere que serán especialmente guiados, en medio de tan grande confusión, por la inmensa misericordia de Dios.

Entonces, nuestra Regla y nuestra forma de vida serán violentamente combatidas por algunos, y vendrán terribles pruebas sobre nosotros. Los que sean hallados fieles recibirán la corona de la vida, pero ¡ay de aquellos que, confiando únicamente en su Orden, se dejen caer en la tibieza!, porque no serán capaces de soportar las tentaciones permitidas para prueba de los elegidos.

Aquellos que preserven su fervor y se adhieran a la virtud con amor y celo por la verdad, han de sufrir injurias y persecuciones; serán considerados como rebeldes y cismáticos, porque sus perseguidores, empujados por los malos espíritus, dirán que están prestando un gran servicio a Dios mediante la destrucción de hombres tan pestilentes de la faz de la tierra.

Pero el Señor ha de ser el refugio de los afligidos, y salvará a todos los que confían en Él. Y para ser como su Cabeza, estos, los elegidos, actuarán con esperanza, y por su muerte comprarán para ellos mismos la vida eterna; eligiendo obedecer a Dios antes que a los hombres, ellos no temerán nada, y han de preferir perecer antes que consentir en la falsedad y la perfidia.

Algunos predicadores mantendrán silencio sobre la verdad, y otros la hollarán bajo sus pies y la negarán.

La santidad de vida se llevará a cabo en medio de burlas, proferidas incluso por aquellos que la profesarán hacia el exterior, pues en aquellos días Nuestro Señor Jesucristo no les enviará a éstos un verdadero Pastor, sino un destructor."

Por Favor:

Vamos a tener en mente que esta profecía de San Francisco es aprobada por la Iglesia Católica.

Muchos han defendido al hombre sentado en el trono de San Pedro diciendo que esta profecía es sobre el gran cisma que dio origen a la Iglesia ortodoxa...

No es cierto, ¿hay alguna vez en la historia, que la verdad haya sido tan omitida, pisoteada, y negada? 1 Billón de abortos en todo el mundo desde el 1980 y en el momento del gran cisma la santidad de la vida en aquel momento fue tan burlada como lo que es hoy? Esta profecía con otras tantas profecías de los santos, que se han cumplido hoy por hoy por las acciones, omisiones y herejías en nuestras caras por Francisco y nadie dice nada hoy?

Triste es ver a los ciegos guiando a otros ciegos y haciéndolo con una sonrisa, empecemos...

<u>Sed valientes, mis hermanos; tened coraje y confianza en el Señor.</u>

Es refrescante ver a nuestros sacerdotes, obispos y cardenales proclamando el Evangelio con sus propias vidas:

- Cardenal Raymond Burke
- Cardenal Pell
- Arzobispo Atanasius Schneider
- Arzobispo Livieres
- P. Santiago Martín
- P. Iglesias
- P. Clovis
- La Iglesia Católica de Africa
- La Iglesia Católica de Polonia
- 500+ Sacerdotes en Gales y Bretaña
- Y muchos más...

<u>El tiempo se acerca rápidamente en el que habrá grandes pruebas y aflicciones; perplejidades y disensiones, tanto espirituales como temporales abundarán; la caridad de muchos se enfriará,</u>

Estamos viendo el martirio cotidiano cada vez más cerca de nuestros hogares, lo vemos en la televisión, cómo nuestros hermanos son asesinados por los que no creen en la Misericordia de Dios.

ISIS ha matado a muchos por los medios de comunicación en vivo, pero en realidad más de 105.000 cristianos son asesinados cada año, y esos son los números que han sido estadísticamente imparciales, números que no reflejan el abuso que aún no sabemos, pero sólo Dios ve y su sangre, bañan las calles de los que no creen verdaderamente, pero Jesús nos llama a orar por ellos con verdadera caridad.

<u>Los demonios tendrán un poder inusual, la pureza INMACULADA de nuestra Orden, y otras, serán oscurecidas habrá muy pocos cristianos que obedecerán al verdadero Sumo Pontífice ya la Iglesia Romana con corazones leales y caridad perfecta.</u>

Cuando el papa Benedicto XVI renunció, me sentí como si me hubieran despojado de algo, realmente me sentí como desnudo en las calles, mis lágrimas cayeron por un hombre que no era popular.

Todo católico en el mundo sintió, que él fue empujado a la renuncia a pesar de asegurar que lo hacía libremente.

Mario Bergoglio salió y lo primero que me llamó la atención a pesar de todas las profecías, el martilleo de los Franciscanos de la Inmaculada[3].

Recuerde esa palabra, INMACULADA. Los franciscanos de la Inmaculada era la orden más saludable en toda la Iglesia Católica, ellos tenían más vocaciones que cualquier otra orden, ellos solo querían vivir la pureza de la regla de quién fue su creador (San Francisco de Asís), querían ser pobres, hacer caridad, penitencia, y honrar el amor de nuestro Señor a través de la antigua misa.

Mario Bergoglio salió papa a pesar de tener muchas herejías en su vida sacerdotal en Argentina, como por ejemplo como dejó que sus amados 'curas villeros' dieran la Eucaristía a parejas irregulares[4], dejar a un sacerdote bautizar el hijo de una pareja travesti concebido por un vientre de alquiler[5] y el "permitir que las uniones homosexuales sean, sin llamarlo matrimonio" cosa que dijo en una reunión con obispos de Argentina[6]...

A pesar de todo eso, fue elegido por sus colegas para que se siente en el trono de Pedro.

Se hacía llamar Francisco y lo primero que hizo fue cumplir la profecía de San Francisco de Asís por la reingeniería a los Franciscanos de la Inmaculada, ahí fue que abrí los ojos...

Recuerdo que le pregunté a mi sacerdote por qué Papa Francisco dijo: "Los ateos hagan el bien y allí nos encontraremos"[7] mi sacerdote me dijo: "Tal vez él no comió su desayuno esa mañana"

Bueno, él ha dicho muchas barbaridades más y les aseguro que él come bien.

INMACULADA... la destrucción fue advertida por San Francisco de Asís, nos advirtió por donde empezaría la destrucción!

Pobre Papa Benedicto XVI su legado arrojado al fango, Dios bendiga su dulce alma. Amén.

<u>En el momento de esta tribulación un hombre, no canónicamente elegido, será elevado al Pontificado, que, por su astucia, se esforzará para llevar a muchos al error y la muerte.</u>

Muchos ya han hablado de esto:

Antonio Socci... alega que la elección fue inválida por no repetarse las reglas de la constitución apostólica "Universi Dominici Gregis", que rige la votación en la capilla sixtina.)(*)

Sandro Magister... Este periodista enseña como los 'curas villeros' dan la Eucaristía a parejas irregulares en los barrios pobres de Argentina bajo la protección de Bergoglio siendo esto un sacrilegio y por serlo, es suficiente para que entre en vigor la ley descrita por San Roberto Belarmino, en la cual habla claramente de que nadie que haya sido hereje puede ser papa ni siquiera con la mayoría de votos.(**)

Dr. Austen Ivereigh... En su libro: "El gran reformador: Francisco y la fabricación de un Papa Radical", en la enciclíca Universi Dominici Gregis, promulgada por el Papa Juan Pablo II en 1996, se prohíbe terminantemente el cabildeo de votos antes del conclave para elegir al próximo papa, con la pena de excomulgación automática. En el libro de Dr. Ivereigh se deja a relucir como la cabeza del equipo Bergoglio, trato de cabildear por lo menos 25 votos para empezar el conclave y es confirmado en varias entrevistas de la cabeza del equipo Bergoglio: el Cardenal Murphy O'Connor en el Wall Street Journal (06/08/2013) y en el Catholic Herald (2013).(***)

Estos son 3 periodistas de fama y reputación impecables, y según Dr. Ivereigh este equipo trató de llevar a Bergoglio en el 2005 como papa, pero saliendo triunfador Joseph Ratzinger.

El Espíritu Santo se impuso y la voluntad del Padre Salió a bendecir al pueblo como Benedicto XVI, como este equipo malvado empezó desde el 2005 con el conocimiento de Bergoglio, todos y cada uno de ellos fueron excomulgados automáticamente, ellos, en su desobediencia se cortaron fuera del cuerpo místico de Jesús y sus frutos a través de las palabras de Bergoglio, y de los muchos liberalistas puestos en asientos de poder, dan entender que la iglesia esta siendo atacada desde adentro por el enemigo para corromper el Templo Santo y así el anticristo entre como un héroe y se declare que es dios.

<u>Los escándalos se multiplicarán, nuestra Orden se dividirá, y muchos otros serán totalmente destruidos, porque van a dar su consentimiento al error en lugar de oponerse a ello.</u>

Escándalos, eso es todo lo que se tiene cuando también Jesús tuvo entre sus discípulos un traidor, con el fin de que Roma 'pierda la fe' como nuestra Madre Santísima predijo en La Salette, el Templo Santo necesita ser corrompido, por lo que los escándalos son una prioridad para el diablo y sus secuaces.

Hoy en día es impartido por la cúpula, que no importa si eres gay, pues "Si alguien es gay y busca al Señor y tiene buena voluntad, ¿quién soy yo para juzgar?"[8]

Para los católicos fieles, es decir, aquellos que conocen su fe y la practican, los nombramientos de los Bruno Fortes del mundo SON un gran escándalo y Mario Bergoglio no le importa, ya que más nombramientos Kumbaya se han establecido, como si fuera una especie de partida de ajedrez, los liberales en todos los lugares altos y el nombramiento de un liberal solo es una puerta para la perdición de almas en el infierno.

Papas del pasado han nombrado manzanas podridas pero ellos dependieron de los consejos de sus subalternos mientras el papado se mueve adelante, pero... los siervos de Dios, los consagrados, se supone que pueden ver más fácilmente los lobos con piel de oveja que los laicos, y Bergoglio ha nombrado a muchos liberalistas en lugares altos, así que... sí, él sabe lo que está haciendo, ya que era un liberal él mismo en la Argentina.

Un hombre que luchó por el matrimonio en el congreso argentino, pero tuvo reuniones con las comunidades homosexuales, en las que él se disculpa con ellos porque así debía de hacerlo ya que él tenía muchos "enemigos" en la Iglesia(6).

Sus frutos lo dice todo sobre su agenda pasada con los gays y hoy por hoy aún más, mientras le besaba la mano a un famoso sacerdote celebrante de misas gay(9) y como se quedó en silencio mientras Irlanda cambiaba su nombre por el de Sodoma(10).

Así que claro que sí, el error sin duda se está aceptado en silencio, despacio pero constante... sí los franciscanos han abandonado la tradición por el anti-evangelio, el evangelio de 30 monedas: El mundo y sus frutos.

Franciscanos abrazando el error en un desfile gay en Boston. (11)

Habrá tal diversidad de opiniones y cismas entre la gente, los religiosos y el clero, que, si aquellos días no se acortaran, de acuerdo con las palabras del Evangelio, si no fuere que serán especialmente guiados, en medio de tan grande confusión, por la inmensa misericordia de Dios.

La confusión es el objetivo principal del enemigo para aquellos que son de Dios, el enemigo le encantaría todo el mundo cristiano sea confundido de tal manera, que sus almas se pusieran en peligro de perdición al ellas no trabajar su salvación con temor y temblor en (Phil 2:12).

Monjas cantando en competiciones, monjas caminando por las calles sin sus hábitos, sacerdotes proclamando en sus homilías a votar por la igualdad

Gay (12) y la forma en que ponen el pecado como si nada.

Laicos rechazando el dogma solo por un respeto con la falsedad siguiente: "Mientras yo no dañe a nadie está todo bien", una sociedad impulsada a respetar todas las religiones, excepto el cristianismo y los de Israel.

Lo que era bueno ayer ahora es malo, y lo que es bueno hoy era malo ayer...

APOSTASÍA GLOBAL!

Lo único que nos llevará lejos del error es obedecer a Dios antes que a los hombres (Hechos 5:29), los mandamientos de Dios, su Santa Palabra NO se contradice. Dios nos ama, pero desprecia el pecado, no te dejes engañar, la Misericordia de Dios es para aquellos que se arrepienten y buscan la perfección caminando con Jesús hacia el Calvario.

Entonces, nuestra Regla y nuestra forma de vida serán violentamente combatidas por algunos, y vendrán terribles pruebas sobre nosotros. Los que sean hallados fieles recibirán la corona de la vida, pero ¡ay de aquellos que, confiando únicamente en su Orden, se dejen caer en la tibieza!, porque no serán capaces de soportar las tentaciones permitidas para prueba de los elegidos.

La Misa Tridentina se ha perseguido por el diablo desde mucho, y era la antigua masa que los Franciscanos de la Inmaculada abrazó.

Jesús es el mismo ayer, hoy y siempre (Hebreos 13: 8), si los franciscanos de ayer quienes amaron la misa tridentina, y los franciscanos de hoy (los que tienen abrazar la pureza de la regla franciscana – el mejor ejemplo son los Franciscanos de la Inmaculada), abrazan la misa en latín, ¿por qué detenerlos? Debido a que el mundo odia a los que son contrarios a su gobernante: el diablo.

Es por esto que en verdad creo que el arzobispo Marcel Lefebvre es un santo (la Fraternidad San Pío X - aunque yo no los tengo en mi querido San Petersburgo), el obispo Lefebvre ha mantenido las tradiciones de la única verdadera Iglesia intacta, Dios los bendiga!

Pero también tenemos la Champions en nuestra vida cotidiana católica como la masa tridentina todavía sucede con tanta persecución.

La misa en latín es la masa del cielo y la nueva masa es un sacrificio con el proceso completo de la crucifixión, donde la paja y el trigo es reconocible y pronto, a través de esta masa y la apostasía fijado por la parte superior, la abominación de la desolación se llevará a cabo:

"Desde el momento en que el sacrificio es abolida y la abominación desoladora está configurado, habrá un mil doscientos noventa días". (Daniel 12:11).

Aquellos que preserven su fervor y se adhieran a la virtud con amor y celo por la verdad, han de sufrir injurias y persecuciones; serán considerados como rebeldes y cismáticos, porque sus perseguidores, empujados por los malos espíritus, dirán que están prestando un gran servicio a Dios mediante la destrucción de hombres tan pestilentes de la faz de la tierra.

Esta parte de la profecía de San Francisco de Asís está cerca, este es nuestro futuro, para aquellos que perseveran... el cielo en una bandeja de plata:

EL MARTIRIO!

"Yo esperaba morir en la cama, mi sucesor va a morir en la cárcel y su sucesor va a morir como un mártir en la

plaza pública." El cardenal George (Ora pro nobis)(13)

Oremos por el sucesor del Cardenal George (el Obispo Cupich), para que este abrace a Cristo, porque él está dando la Eucaristía a los abortistas(14), así que oremos, pues si hay un poco de profecía en las palabras del cardenal George (y realmente creo que fueron proféticas, a pesar de que él dijo que no lo eran), roguemos para que él (Cupich) vaya a la cárcel por las razones correctas (por el Evangelio), porque hay demasiada gente predicando error con las palabras más bellas para confundir a los laicos.

Los que mueren por la verdad escrita en el Evangelio tendrá la eternidad, por lo que pronto veremos quién es cizaña y quién es el trigo. Dios nos dé el don de la perseverancia y querer complacerle en todos tus mandamientos. Amén.

<u>Pero el Señor ha de ser el refugio de los afligidos, y salvará a todos los que confían en Él. Y para ser como su Cabeza, estos, los elegidos, actuarán con esperanza, y por su muerte comprarán para ellos mismos la vida eterna; eligiendo obedecer a Dios antes que a los hombres, ellos no temerán nada, y han de preferir perecer antes que consentir en la falsedad y la perfidia.</u>

Esta parte de la profecía es para todos los que siguen al Señor de Señores, Jesús... personas que son verdaderos creyentes en Su Misericordia. Él nos ha dado el camino de la misericordia a través de las tradiciones y enseñanzas establecidas por Él a través de sus discípulos y Patriarcas. NINGUN obispo, papa o antipapa pueden cambiar una sola coma de su Santa Palabra. (Gálatas 1: 8)

La Eucaristía y los sacramentos son para ser proclamado, y los fieles deben rezar por la salvación de las almas:

"Hermanos, el deseo de mi corazón y mi oración a Dios por ellos es que sean salvos." (Romanos 10: 1)

El Rosario, la Coronilla de la Divina Misericordia y la oración a San Miguel deben ser recitadas por un mundo lleno de incredulidad para que ellos puedan abrazar la misericordia eterna de Dios. Toda devoción aprobada es aceptada pero que sea con amor, cualquier oración con amor vence cualquier oración sin amor... así que hay que amar hasta que duela! Amén.

<u>Algunos predicadores mantendrán silencio sobre la verdad, y otros la hollarán bajo sus pies y la negarán. La santidad de vida se llevará a cabo en medio de burlas, proferidas incluso por aquellos que la profesarán hacia el exterior, pues en aquellos días Nuestro Señor Jesucristo no les enviará a éstos un verdadero Pastor, sino un DESTRUCTOR.</u>"

La verdad ha recibido todo tipo de omisión y pisoteada por la cúpula presente del Vaticano, es como si hubiera un temor por la carrera profesional de uno; San Atanasio hoy es un santo a pesar de haber sido excomulgado por un Papa.

Nosotros los laicos necesitamos saber que no debemos seguir a nadie, que sea un liberal y este trate de complacer al mundo, mejor aún... tenemos que orar por sus almas, no sus intenciones.

¿Orarías por las intenciones de un ladrón delante del trono de Dios?

Si alguno os predica un evangelio mundano y liberal, sabemos inmediatamente que sus intenciones no son buenas, y si lo hacemos, a pesar de saber que son lobos con piel de oveja, entonces somos culpables del maldad.

Pronto el destructor llamado por San Francisco de Asís, pedirá misericordia para los "leprosos" del mundo y tratará de cambiar la Iglesia en el nombre de la falsa misericordia, ya que los homosexuales y los divorciados vueltos a casar tienen el propósito de recibir la Eucaristía, porque la Eucaristía "no es para los perfectos... sino para los débiles."[15]

El destructor se ha burlado de la santidad de vida, pero todo es diversión y juegos para la mayoría... "Hablamos mucho sobre el aborto, la contracepción y la homosexualidad"(16) y "no se reproduzcan como conejos"(17) es todo risa cuando Dios no se está riendo... abran los ojos, pronto Francisco tratará de cambiar las cosas para el bien del "débil", pero incluso el pobre necesita la Santa Palabra de Dios, en vez de mercancías.

Los franciscanos de la Inmaculada han demostrado, a través de la profecía de San Francisco de Asís, por donde comenzó la destrucción y las personas que no conocen su fe, abrazan la confusión como la miel más dulce, Cristo nunca habló ex cátedra e incluso Bergoglio ha dicho que sus homilías son "enseñanzas". (19)

Destructor, porque muchos caerán, muchas almas seguirá el "¿quién soy yo para juzgar", esa frase por sí sola es responsable que muchas personas abracen el liberalismo como si fuera misericordia, cuando la Misericordia sin Justicia es como el amor sin verdad. Abran los ojos y no sigan a los lobos, permanezcan fieles y resistan, recen con amor para todos aquellos que quieren destruirnos, pero NO por sus intenciones.

"¡Cuidaos de los falsos profetas, que vienen a vosotros con vestidos de ovejas, pero por dentro son lobos rapaces. Por sus frutos los conoceréis. ¿Acaso se recogen uvas de los espinos o higos de los abrojos?. Así, todo árbol bueno da frutos buenos; pero el árbol malo da frutos malos. Un árbol bueno no puede producir frutos malos, ni un árbol malo producir frutos buenos. Todo árbol que no da buen fruto, es cortado y echado al fuego." (Mateo 7:15-19)

Para los católicos que deben saber más sobre su fe...

Está en la Biblia que nuestro Señor nos advierte acerca de aquellos que son lobos vestidos de oveja, muchos santos y doctores de la iglesia han hablado sobre ello a los laicos, sobre como nosotros NO debemos seguir cualquier papa, obispo o sacerdote que haya abandonado la verdad de cualquier manera, ya sea por herejía, omisión y destrucción[1]:

San Pedro apóstol: "Pero Pedro y los apóstoles respondiendo dijo: debemos obedecer a Dios, en lugar que los hombres." (Hechos 5:29)

Doctor Santo Tomás de Aquino: «Está escrito: 'Debemos obedecer a Dios antes que los hombres'. Ahora a veces las cosas ordenadas por un superior son contra Dios. Por lo tanto, los superiores no deben ser obedecidos en todas las cosas." (Summa Theologiae, IIa IIae, Q. 104, A. 5)

San Pablo: "Pero cuando Cefas [Pedro] había llegado a Antioquía, le resistí a la cara, porque era de condenar. (Gálatas 2:11)

Papa Inocencio III: "El Papa no debe halagarse a sí mismo acerca de su poder, ni debe él gloriarse en su honor y su alta urbanización, porque mientras menos sea juzgado por el hombre, más será juzgado por Dios. Lo menos que pueda gloriarse el romano Pontifice, porque él sea juzgado por los hombres, o mejor dicho, que pueda ser demostrado que sera juzgado ya, si por ejemplo él cae en herejía, porque "el que no cree ya ha sido juzgado." (San Juan 3:18) En tal caso se debe decir de él: 'Si la sal pierde su sabor, no sirve para nada sino para ser echada fuera y pisoteada bajo los pies de los hombres'." (Sermo 4)

<u>Venerable papa Pius IX</u>: "Si un futuro Papa enseña algo contrario a la fe católica, no le sigan." (Carta al obispo Brizen)

<u>San Atanasio</u>: "Aunque los católicos fieles a la tradición se reduzcan a unos pocos, son ellos los que son la verdadera Iglesia de Jesucristo." (Epístola a los católicos)

<u>San Vincente de Lerins</u>: "Qué debe hacer un católico si alguna porción de la iglesia se separa de la comunión de la fe universal? ¿Qué opción puede tener si algún contagio nuevo intenta envenenar, no una pequeña parte de la iglesia, sino toda la iglesia a la vez? Entonces su gran preocupación será apegarse a sí mismo en la antigüedad ya que esta no puede ser conducida por mal camino por cualquier mentira novedosa." (Commonitory)

Concilio Vaticano I (1870): "Por el Espíritu Santo fue prometido a los sucesores de Pedro, NO por lo que podría, por su revelación, dar a conocer alguna nueva doctrina, sino que, por su asistencia, guarden religiosamente y expongan fielmente la revelación o el depósito de la fe transmitida por los apóstoles." (Pastor Aeternus, cap. 4)

Doctor de la iglesia, St. Roberto Belarmino: "Así como es lícito resistir al Papa que ataca el cuerpo, también es lícito resistir el que ataca a las almas o quién perturba el orden público, o, sobre todo, que intenta destruir la iglesia. Digo que es lícito resistirle no haciendo sus órdenes e impedir su voluntad de ser ejecutada". (De Romano Pontifice, Libertador II, Cap. 29)

El Secreto...

Beata Catalina Emmerich, AA II. 488. (1)

"Vi dentro de una ciudad, una reunión de clérigos, laicos y mujeres, que estaban sentados juntos, comiendo y haciendo bromas frívolas, y encima de ellos una nube oscura que descendió en una llanura sumergida en la oscuridad. En medio de esta niebla, Yo veía a satanás sentado y alrededor de él, muchos compañeros como personas que estaban en la reunión, cual se desenvolvía por debajo. Todos estos espíritus malignos se movían continuamente y estaban ocupados tratando de empujar a la gente en aquella reunión para hacer el mal. Les susurraban a sus oídos y actuaban en ellos de todas las maneras posibles.

Estas personas estaban en un estado muy peligroso de excitación sensual y con conversaciones provocadoras.

Los Eclesiásticos eran aquellos cuyas principio eran: "Usted tiene que vivir y dejar vivir en nuestro tiempo no debemos estar separados o ser misántropo: debemos regocijarnos con los que se gozan."

Esta es una de las muchas visiones de Beata Catalina Emmerich (1774-1824), que sufrió mucho durante su vida por amor de Cristo y de su Iglesia... fue beatificada por el Papa, San Juan Pablo II. En 27 de julio 2014; el hombre que está sentado en el trono de Pedro (Bergoglio), dio una entrevista y dijo al mundo los 10 secretos para ser felíz (2):

1) VIVE Y DEJA VIVIR..

Los otros 9 secretos enunciados por Bergoglio son humanistas en su naturaleza, en otras palabras, construidos para el mundo y aquellos elegidos, que sean personas de mentalidad menos religiosa y más de mentalidad de mundo ¿por qué? Sepan esto: no hay mención de Jesús en ninguno de esos secretos y el mundo siempre rechaza a Jesús, seguimos:

2) Dense ustedes mismos a los demás. "La gente debe de estar abierta y generosa hacia los demás, porque "si se retiran dentro de sí mismos, se corre el riesgo de convertirse egocéntricos. Y el agua estancada se vuelve pútrida."

3) "Proceda con calma" en la vida. El "Papa", que solía enseñar literatura secundaria, utiliza una imagen de una novela argentina de Ricardo Güiraldes, en la que el protagonista –el gaucho Don Segundo Sombra-- mira hacia atrás en la forma en que vivió su vida.

Él dice, que en su juventud fue como un arroyo lleno de piedras que llevaba consigo; como un adulto, un río caudaloso, y en la vejez, todavía estaba en movimiento, pero despacio, como una piscina de agua, dijo el "Papa". Y dijo que le gusta esta última imagen de una - piscina de agua - para tener "la capacidad de moverse con bondad y humildad, con calma en la vida."

4) "Un sentido saludable del ocio." Los placeres del arte, la literatura y jugar juntos con los niños se han perdido, dijo.

"El consumismo nos ha traído la ansiedad" y el estrés, haciendo que las personas pierdan una "cultura sana del tiempo libre." Su tiempo es "tragado" por lo que la gente no puede compartir con nadie.

A pesar de que muchos padres trabajan muchas horas, tienen que reservar un tiempo para jugar con sus hijos; los horarios de trabajo hacen que sea complicado, pero hay que hacerlo, dijo.

Las familias también deben apagar el televisor cuando se sientan a comer, ya que, a pesar de que la televisión es útil para mantenerse al día con las noticias, tenerlo encendido durante la hora de comer "no le permite comunicarse" unos con otros, dijo el "Papa".

5) Los domingos deben ser días festivos. Los trabajadores deben tener los domingos libres porque "el domingo es para la familia", dijo.

6) Encontrar formas innovadoras para crear empleos dignos para los jóvenes. "Tenemos que ser creativos con los jóvenes. Si no tienen las oportunidades se meterán en las drogas y ser más vulnerables al suicidio, dijo.

"No es suficiente darles la comida", dijo. "La dignidad es dada a usted cuando usted puede traer a casa los alimentos" de su propia mano de obra.

7) Respetar y cuidar la naturaleza. La degradación ambiental "es uno de los mayores retos que tenemos", dijo. "Creo que una pregunta que no nos estamos haciendo a nosotros mismos es: "¿Acaso la humanidad no estará coemtiendo suicidio con el uso indiscriminado y tiránico de la naturaleza"

8) Dejar de ser negativo. "La necesidad de hablar mal de los demás indica una baja autoestima. Eso quiere decir, 'Me siento tan mal que, en lugar de reponerme a mí mismo tengo que cortarle las alas a los otros", dijo el "Papa". "Dejar ir las cosas negativas rápidamente es saludable."

9) No hacer proselitismo; respetar las creencias de los demás. "Podemos inspirar a otros a través del testimonio, de modo que uno crece juntos al comunicarlo. Pero lo peor de todo es el

proselitismo religioso, que paraliza." Estoy hablando con usted con el fin de persuadirle a usted, 'No. Cada persona dialoga, empezando por su propia identidad. La Iglesia crece por atracción, no proselitismo", dijo el Papa.

10) Trabajar por la paz. "Estamos viviendo en una época de muchas guerras", dijo, y "el llamado a la paz debe ser gritado. Paz a veces da la impresión de ser callado, pero la paz nunca es callada, la paz es siempre proactiva" y dinámica.

Wao, ven? Donde menciona a Jesús? No le menciona y dice que no se debe evangelizar (proselitismo)... Ese primer "secreto" de Bergoglio, cumple la visión de la Beata Catalina Emmerich y habla también sobre un determinado encuentro donde las "conversaciones" son provocativas y peligrosas, esta reunión ocurrió en el primer Sínodo de la familia en la que se nos dio(3) un relatio malvado:

"Los homosexuales tienen dones y cualidades que ofrecer a la comunidad cristiana". "¿Somos capaces de acoger a estas personas, garantizandoles a ellos un espacio fraterno en nuestras comunidades?"(N.50). Aunque no es la comparación de las uniones entre el mismo sexo con el matrimonio entre un hombre y una mujer, la Iglesia propone: "elaborar caminos realistas de crecimiento afectivo y madurez humana y evangélica con la integración de la dimensión sexual" (n.51) "Sin negar los problemas morales relacionados a las uniones homosexuales se ha de señalar que hay casos en los que la ayuda mutua hasta el punto del sacrificio constituye un valioso apoyo en la vida de las parejas. "(n.52).

NO hubo objeción moral acerca la adopción de niños por parejas homosexuales: todo lo que se dijo fue:

"La Iglesia presta especial atención a los niños que viven con parejas del mismo sexo, haciendo hincapié en que las necesidades y los derechos de los más pequeños deben ser siempre dado prioridad."

Así que SI, parece que Bergoglio está teniendo toneladas de diversión cumplimiento profecías de los Santos de izquierda a derecha, pero recordemos que aún los santos sufrieron en manos de antipapas y NO fundaron otra iglesia aparte, sino que se mantuvieron FIELES.

Beata Catalina Emmerich, ruega por nosotros. Amén.

Contradicciones

"Papa" Francisco: "Los ateos hagan el bien y nos encontraremos..." El 05/22/2013, homilía en Santa Marta(1)

Jesús: "El que no creyere, será condenado..." Juan 3:18

"Papa" Francisco: "Los cristianos con la Biblia, los musulmanes con el Corán con la fe de sus padres que les llevará lejos" 01/20/2014 Papa Francisco visitó la Basílica del Sagrado Corazón en Castro Pretorio, y allí compartir esto con los jóvenes.(2)

San Pablo: "Pero aun si nosotros o un ángel del cielo os anunciare un evangelio distinto del que os hemos anunciado, sea maldito" Gálatas 1: 8

"Papa" Francisco: "Reprendí a una mujer hace unos meses en una parroquia porque estuvo embarazada ocho veces, con siete cesáreas. 'Pero, ¿quieres dejar siete huérfanos? "Esto es tentar a Dios! Pablo VI habla de la paternidad responsable", "Dios da métodos para ser responsable. Algunos piensan que, perdón si utilizo esa palabra, que para ser buenos católicos tenemos que ser como conejos. No. La paternidad debe ser responsable! Esto es claro y es por eso es que en la iglesia hay grupos matrimoniales, expertos en esta materia, hay pastores, uno puede buscar y sé muchas, muchas maneras que son lícitas y que han contribuido a esto." En 01 / 19/2015 en el avión de regreso a Roma de las Filipinas. (3)

Dios Todopoderoso: "Sed fecundos y multiplicaos." Gen 01:28

"Papa" Francisco: "El proselitismo es un solemne disparate" En octubre 2013, durante la entrevista a Scalfari del diario La República, Bergoglio vuelve a repetir esto en otra entrevista, esta vez a la revista Viva en 27/07/2014 (4).

Jesús: "haced discípulos a todas las naciones" Mateo 28:19

"Papa" Francisco: "Jesús pretendía"

29/11/2013 Homilía en Santa Marta, como llamó a Jesús pretendiente en otras palabras, un mentiroso (5)

Jesús: "Yo soy el camino, la verdad y la vida." Juan 14: 6

"Papa" Francisco: "Hablamos mucho sobre el aborto, la anticoncepción y la homosexualidad." Septiembre del 2013 entrevista al padre Spadaro (6).

San Pablo: "No te dejes llevar por todo tipo de enseñanzas extrañas." Hebreos 13: 9

"Papa" Francisco: "Si mi buen amigo el doctor Gasparri [que organiza los viajes del Papa] habla mal de mi madre, puede esperar recibir un puñetazo. No se puede provocar. No se puede insultar la fe de los demás usted no puede burlarse de la fe de otros. Hay un límite." El 19/01/2015 en el avión de regreso a Roma desde las Filipinas. (7)

Jesús: "A la persona que te hiera en una mejilla, preséntale la otra también, y de la persona que te quite el manto, no le niegues incluso su túnica." Lucas 06:29

"Papa" Francisco: "Si alguien es gay, busca al Señor y tiene buena voluntad, ¿quién soy yo para juzgar?" El 07/29/13, en una entrevista realizada por los periodistas en el avión de regreso a Roma de la Jornada Mundial para la juventud en Brasil. (8)

San Pablo: ¿O no sabéis que los injustos no heredarán el reino de Dios? No os dejéis engañar: ni los inmorales, ni los idólatras, ni los adúlteros, ni los afeminados, ni los homosexuales, ni los ladrones, ni los avaros, ni los borrachos, ni los difamadores, ni los estafadores heredarán el reino de Dios. "1 Corintios 6: 9-10.

"Papa" Francisco: "El viejo pacto con los Judios no está roto." Evangelii Gaudium # 247 (Nota: Si el pacto no está roto, entonces los Judíos NO necesitan a Jesús) (9)

Dios Todopoderoso: " He aquí, vienen días--declara el SEÑOR-- en que haré con la casa de Israel y con la casa de Judá un nuevo pacto, no como el pacto que hice con sus padres el día que los tomé de la mano para sacarlos de la tierra de Egipto, mi pacto que ellos rompieron, aunque fui un esposo para ellos--declara el SEÑOR; porque este es el pacto que haré con la casa de Israel después de aquellos días--declara el SEÑOR--. Pondré mi ley dentro de ellos, y sobre sus corazones la escribiré; y yo seré su Dios y ellos serán mi pueblo."Jer 31: 31-33

"Papa" Francisco: "Es hermoso" pensar en el Cielo", "Todos nosotros nos reuniremos allí, todo el mundo. Es hermoso; que da fuerza al alma. "En noviembre 2014, audiencia general en la plaza de San Pedro. (10)

Jesús: " Esforzaos por entrar por la puerta estrecha, porque os digo que muchos tratarán de entrar y no podrán." Lucas 13:24

"Papa" Francisco: "No teman al Juicio final". 12/11/2013, audiencia general en la plaza de San Pedro (11).

San Pablo: "Así que, amados míos, tal como siempre habéis obedecido, no sólo en mi presencia, sino ahora mucho más en mi ausencia, ocupaos en vuestra salvación con temor y temblor;..."
Filipenses 2:12

"Papa" Francisco: "Debe haber domingos festivos. Los trabajadores deben tener los domingos libres porque "el domingo es para la familia." Entrevista a Viva Revista de 27.7.2014. (12)

San Pablo: "Y el primer *día* de la semana, cuando estábamos reunidos para partir el pan, Pablo les hablaba, pensando partir al día siguiente, y prolongó su discurso hasta la medianoche." Hechos 20: 7

El Evangelii Gaudium abre las puertas al aborto.

¿Qué pasaría con el alma de una madre que fue violada o alguien en condiciones de pobreza extrema, que opta por un aborto y muere repentinamente después de asesinar al niño, sostenga ese pensamiento por un momento.

Hay 48.198 palabras en la exhoratción apóstolica Evangelii Gaudium (sin contar las notas), en las que encontrará muchas bellas palabras, usted podrá encontrar la palabra amor más de 150 veces mencionadas, Dios 290 veces, Jesús 125 veces, María 37 veces, Iglesia 233 veces, Misericordia 30 veces y así sigue y sigue... no podemos negar que el Evangelii Gaudium es hermoso, literariamente hablando.

Ahora hay otras palabras que usted no encontrará en la Evangelii Gaudium, no encontrará INFIERNO, DEMONIOS, DIVORCIO, HOMOSEXUAL, LESBIANA,

GAY, ANTICONCEPCION. La misión principal de la Iglesia Católica es salvar almas y es problemático cuando la misma gente de la iglesia están para ocultar la verdad, porque ofrecer una verdad y ocultar otra, puede llevar a las personas al mismo lugar que no se menciona en el evangelio de Francisco, al infierno.

"No podemos insistir únicamente en cuestiones relacionadas con el aborto, el matrimonio homosexual y el uso de métodos anticonceptivos. Esto no es posible. No he hablado mucho acerca de estas cosas, y se me reprendió por ello. Pero cuando hablamos de estos temas, tenemos que hablar de ellos en un contexto. La enseñanza de la Iglesia, sobre este caso, es claro y yo soy un hijo de la iglesia, pero no es necesario hablar de estos temas todo el tiempo."[1]

El "Papa" Francisco dio una entrevista en la que básicamente, dijo que la iglesia está obsesionada con la anticoncepción , la homosexualidad y el aborto, el aborto sólo se menciona una vez en el Evangelii Gaudium... Repito de Nuevo, se menciona solo UNA VEZ, a pesar de que en el n.213 , escribe muy bien sobre la defensa a los no nacidos y acerca de la Iglesia defendiendo los derechos humanos, en el n.214 menciona por primera vez ABORTO:

214. Precisamente porque se trata de la coherencia interna de nuestro mensaje sobre el valor de la persona humana, la Iglesia no se puede esperar que cambie su posición sobre esta cuestión. Quiero ser completamente honesto al respecto. Esto no es algo sujeto a supuestas reformas o " modernizaciones." No es "progresista" para tratar de resolver los problemas mediante la eliminación de una vida humana. Por otro lado, también es cierto que hemos hecho muy poco para acompañar adecuadamente a las mujeres en situaciones muy difíciles, donde ABORTO aparece como una solución rápida a su profunda angustia , sobre todo cuando la vida que se desarrolla dentro de ellos es el resultado de una violación o una situación la pobreza de extremo. ¿Quién puede permanecer impasible ante este tipo de situaciones dolorosas?(2)

Si el enemigo está a las puertas y abres un poco, va a ser más fácil para ellos abrirse paso, todo lo que Francisco escribió sobre la defensa de los no nacidos, tanto en n.213 y el 214, se va por la ventana cuando se hace tal declaración, todos los esfuerzos de la Iglesia sobre el aborto han sido arrojados al fango con este pedazo de bella literatura, una literatura que podría llevar almas al infierno.

¿Qué pasaría con los que sigan este consejo? Y en las manos de quienes realizan el aborto, que pasa con la madre que muere repentinamente? ¿Qué pasa con esa alma? La Misericordia de Dios es la hermana gemela de la Justicia de Dios, cada vez que una va la otra está ahí, mientras más Misericordia prediquemos, no podemos negar la Justicia dando a las personas asesoramientos erróneos, ello podría llevarles a la condenación eterna, hay muchos escenarios que podríamos decir, muchos dirán "Dios es el que juzga", sí, por supuesto... pero si estamos salvando almas, debemos enseñar a permanecer lejos del PECADO MORTAL...

¿Estamos siguiendo a Cristo a través de las enseñanzas de la Iglesia Católica Apostólica, o acaso estamos viviendo una histeria colectiva, pues el mundo finalmente está viendo a la iglesia haciendo lo que quiere el mundo?

La palabra pecado aparece sólo 10 veces escritas en el gozo del Evangelio y la palabra diablo sólo una vez... UNA VEZ! Cuando Francisco habla sobre el diablo se refiere sobre los tradicionalistas en la Iglesia (léase n.83), tradición que fue aceptada y abrazada por todos los santos en la iglesia, se puede ver la persecución a los tradicionalistas en todo el mundo y más recientemente a uno de los campeones en contra del aborto y también tradicionalista, el Cardenal Raymond Burke[3].

Hay muchos mensajes contradictorios en la Evangelii Gaudium, como n.168 y n.271 en el que denunciar el error y el mal es un problema, n.47 en el que está en contra de la práctica de negar la comunión a personas que persisten en su maldad, n.247 en la que se dice que el pueblo Judío todavía tiene el viejo pacto intacto, y muchos más.

¿Qué es todo esto? ¿Cuál es el propósito de estas palabras? Muchas cosas:

1) Tenemos que orar por todos nuestros sacerdotes y orar por claridad en estos tiempos de confusión,

2) Tenemos que saber que hay una persecución lenta pero constante a los voluntarios pro-vida dentro de la iglesia y es evidente en n.214, oremos por los defensores de la vida,

3) Tenemos que saber que nuestra iglesia está persiguiendo a cualquier persona que ama la tradición (ejemplo: los Franciscanos de la inmaculada), oren por todos ellos,

4) Muchos están de acuerdo con esta nueva Iglesia de mundo en lugar de la

verdadera esposa de Cristo y estos defenderán este nuevo Evangelio Kumbaya... recuerde que una verdad con una mentira es una mentira en su totalidad (el Corán es un buen ejemplo).

Por favor, la intención es dar a conocer la verdad y denunciar el error, de nuevo almas en error fácilmente pueden ir al infierno y el infierno es un lugar que Jesús mismo habla más que nadie en la Biblia. Dios los bendiga.

Por favor, ore conmigo: "Oh María sin pecado concebida, ruegale a tu Hijo, nuestro Señor Jesucristo que cambie las aguas de nuestras vidas a otro color, cambia Señor Jesús así como en Caná el agua de nuestras vidas a vino, así nuestras vidas tendrán color, el color de tu amor." Amén.

"Papa" Francisco: "La sacralidad de la persona humana"
Una toma en el discurso humanístico ("Papa" Francisco en el Parlamento de la UE) (1)

El 25 de noviembre del 2014, el "Papa" Francisco obedeció a nuestro Señor Jesús y le dijo al Parlamento Europeo que se conviertan por nuestro Señor y Salvador Jesucristo, como nuestros antepasados lo hicieron en frente de emperadores, reyes, generales y la élite judía... naahh... No ocurrió tal cosa!

Mis disculpas por el sarcasmo... Lo siento, pero duele, entristece y nos preocupa profundamente, como estas palabras, hechos y herejías de este "papa del fin del mundo" comete, hay veces que solo quiero cerrar los ojos y no ver, olvidar... olvidar que hay alguien por ahí sentado en el tope que se comporta cada vez más como de otra religión, es como alguien dijo a la vuelta de él en Israel:

"El 'Papa' esta enfocado más en la salvación del mundo, no de las almas."

El "Papa" Francisco visitó el Parlamento Europeo y si estuviéramos hablando de un presidente, dictador o algún político de cualquier, país tratando de ganar puntos con la élite y los poderes de este mundo, lo entenderíamos, pero no de un "papa".

"Creo que, por lo tanto, es vital para desarrollar una cultura de derechos humanos que una sabiamente el individuo, o mejor, el aspecto personal, a la del bien común, de la de " todos nosotros." Francisco.

El "bien común", se siente como que estamos en algún episodio de Star Trek (Viaje a las estrellas)... El "Papa" usa muchas palabras bonitas, como lo hizo con su "gozo" del Evangelio (Evangelii Gaudium), cual es precioso en palabras pero mortal en su ambigüedad.

El "Papa" Francisco dio el discurso más Humanista que haya oído jamás, él utilizó en su discurso de 6 páginas la palabra humanos 29 veces, dignidad humana, derechos humanos, seres, persona, la naturaleza, la vida, el espíritu, familia, ecología, desarrollo, el valor y, por supuesto, la humanidad y el humanismo.

No fue como el Papa San Juan Pablo el grande como nuestro Papa Benedicto XVI una vez lo llamó, cuando el Papa Juan Pablo II habló al Parlamento en 1988 sobre el Beato Niels Stensen quién constantemente estaba en busca de la verdad... pero para Francisco? No, era más sobre proveer a "la dignidad de la persona humana"

"La promoción de la dignidad de la persona significa reconocer que él o ella posee derechos inalienables que nadie puede quitar arbitrariamente, y mucho

menos por el bien de los intereses económicos." Francisco.

Se dijeron muchas palabras en aras de un mundo mejor, derechos para todos, proveer a los necesitados, la educación, la inmigración, etc... pero la realidad ayer, hoy y mañana es Jesús, sin Jesucristo, sin llamar al arrepentimiento y convertirse, no asegurando a las naciones que la verdadera paz sólo se puede lograr confiando en el Señor Jesucristo, por no decir eso en la UE, entonces no hay nada, solo vacío.

En el discurso que promulgó Francisco NO se oyó la palabra Jesús, ni una sola vez, lo mismo puede decirse de salvación, convertir, verdad, libertad, adoración, eutanasia, infierno, diablo, aborto, anticoncepción y homosexualidad, por supuesto...

Este "Papa" está más en el lado del humanismo que del lado espiritual, tanto así que él ha dicho sin que nadie lo obligue: "El proselitismo religioso es un solemne disparate", mencionó la palabra Dios 4 veces y Señor 1 sola vez... y, por supuesto, sin la intención de convertir a nadie, También se podría decir, que, al decir Dios y Señor será suficiente, pero Francisco no quiere ofender a nadie al proclamar a Jesús como Señor y Salvador ante el mundo... ¿por qué lo haría? Quiero decir, que él ha dicho por sí mismo... "Yo no creo en un Dios católico, creo en Dios."

Los musulmanes creen en Dios, los testigos de Jehová creen en Dios, los budistas creen en Dios e incluso algunos masones de nivel inferior creen en Dios, pero sólo la Iglesia Católica tiene un Salvador y Dios, Jesús... así que sí, Él es un Dios universal, un Dios católico, el unigénito Hijo del Padre Todopoderoso.

Sólo la verdad os hará libres nos dijo el Señor, al igual de la misma forma en que lo hizo el Beato Niels Stensen, nacido como protestante, se convirtió, se hizo sacerdote, científico, llegó a ser obispo, celoso defensor y amante de la Eucaristía...

'Sólo hay una respuesta humana al amor de entregado que se manifiesta en la cruz y vive en la Iglesia como el verdadero pan de la humanidad,' Beato Niels Stensen[2]

Oren por la conversión de Francisco, recemos por su alma para aceptar a Jesucristo para complacer a nuestro Señor en todos sus mandamientos, NO oren por sus intenciones, ya que ha dejado claro que él está más para en favor de la "realidad" del mundo...

"Queridos miembros del Parlamento Europeo, ha llegado el momento de trabajar juntos en la construcción de una Europa que no gira en torno a la economía, sino en todo el carácter sagrado de la persona humana, en torno a valores inalienables." Francisco.

Por favor, ore conmigo: "Perdóname Jesús te amo, me abrazo a tu amor, abrazo el Hijo de Dios, me abrazo a mi cruz, me abrazo a tu Reino y niego el mundo ahora Amén.

Falsa misericordia

Falsa misericordia es por definición lo contrario a Divina Misericordia y la Divina Misericordia es el Amor que actúa por nosotros, Amor Divino del ofendido que es Dios, a los pecadores que somos nosotros, así que... Falsa misericordia es lo contrario, una acción construida para engañar.

Falso es algo que no es cierto, algo que no se sostiene en absoluto, es algo que se ve, suena, se siente o huele real, pero al mismo tiempo no lo es. Cuando la falsedad se combina con Misericordia la definición se vuelve un poco más amplia, es un conjunto de cosas, porque la Misericordia es algo que nosotros los seres humanos necesitamos para sanar nuestras almas, para silenciar la culpa y llegar a Dios que nos da la bienvenida, algo que necesitamos para sentirnos en paz, es la Luz de Dios y sin ella estamos en oscuridad.

La oscuridad hoy se siente normal, el mundo está completamente en oscuridad, está dirigido por la oscuridad, pero nuestras almas están hechas a imagen de Dios y lo que es de Dios tiene necesidad de Dios, de modo que cuando la Misericordia se predica crea inmediatamente en nosotros el impulso espiritual de abrazarle, ya que somos seres espirituales, pero estamos cegados por el mundo y por nuestra propia carne, por lo que, la falsa misericordia se convierte atractiva cuando escuchamos lo que nuestra carne quiere oír.

Un homosexual que oye "¿quién soy yo para juzgar"[1] se siente aliviado, su conciencia entra en una paz "relativa", porque se les ha dicho toda su vida, "tu comportamiento es malo, malvado, la Biblia lo dice así, la homosexualidad no es sólo un pecado, sino una abominación" (Lev 20:13)[2], calmar las conciencias de las personas no es el trabajo de quienes predican la Misericordia, es su trabajo... decir la verdad, para que podamos encontrar la luz de Dios.

"...Para esto he nacido y he venido al mundo: para dar testimonio de la verdad. El que es de la verdad, escucha mi voz." Juan 18:37

Falsa misericordia es lo que quieres oír, para aliviar tu conciencia y esa "paz" es sólo una mentira... debes saber, una mentira o falsedad con diminutos trozos de verdad es una mentira en su totalidad, la homosexualidad, los divorciados vueltos a casar, robar para un ladrón, hacer el mal, ver el pecado como nada, que estamos todos salvos, todo esto, sin un verdadero arrepentimiento, es Falsa Misericordia.

Cuando Su Excelencia Monseñor Fellay dijo al mundo sobre los que predican falsa misericordia a las personas:

"...diciéndoles que hay una puerta abierta cuando no lo hay. La puerta que se está abriendo es la puerta del infierno! Estos prelados que han recibido el poder de las llaves, es decir, de abrir las puertas del cielo, están cerrando, y abriendo las puertas del infierno".(3)

Muchos comenzaron ayudando la falsa Misericordia con la tarjeta de "respeto", por no decir la verdad, los que no dicen la verdad están dañando a los que pertenecen a Dios, por no saber la verdad se quedan en el pecado y después de la muerte, el pecado sin arrepentimiento, puede abrir las puertas al infierno; la verdad os hará libres (Juan 8:32)(4), dijo el Señor, porque la verdad total hará que usted quiera replantear: o abraza la verdad y se arrepiente (Juan 18:37) o rechazará la verdad y seguirá en su pecado.

La Falsa Misericordia tiene todo el mundo y al diablo protegiéndole, llamando intolerantes, falta de entendimiento, a veces llamando a esas personas que odian y que son legalistas, incluso si usted está denunciando los actos malvados, no a los que los comete, ellos dirán que usted está juzgando a la gente, cuando en realidad usted está proclamando el Evangelio, ya que usted sólo está repitiendo lo que dice Dios en Su palabra y eso al mundo no le gusta, verdadero odio para los que proclaman la verdad.

"Si el mundo los odia, sepan que antes me ha odiado a mí. Si ustedes fueran del mundo, el mundo los amaría como cosa suya. Pero como no son del mundo, sino que yo los elegí y los saqué de él, él mundo los odia." Juan 15: 18-19

Pero el mundo necesita a los que anuncian el Evangelio que se corrompan y prediquen falsa Misericordia, así las almas se relajen en la búsqueda de la perfección y porque la carne tiene la tentación de pecar y la carencia de controlarse a sí mismos, entonces pecan, pero con la falsa misericordia está todo bien, porque Dios "entiende"...

Dios NO da una ley para luego ignorar su propia ley, no se dejen engañar.

La gente quiere abrazar la falsa misericordia porque es lo que quiere su carne, calma sus conciencias con lo que su carne quiere oír, no lo que su alma realmente necesita, es por eso que muchos abrazan enseñanzas extrañas, y muchos pastores están felices de predicarla, porque se han cegado a sí mismos por su propio pecado, predican que el pecado no existe o creen que Dios "comprende" y nos perdona automáticamente.

Falsa Misericordia en su exterior es bella y atractiva, demasiado fácil y demasiada mundana... Amar al Señor es trabajo duro, seguir sus mandamientos sólo crea enemigos y odio de aquellos quienes amas, aquellos que pensabas conocer, PERO a pesar de eso, sigue al Señor y no te desesperes, no guardes rencor... sigue amando la verdad y confía en el Señor.

Rechaza la Falsa Misericordia, rechaza la oscuridad, rechaza al diablo y sus obras, muchos dirán que el no existe, pero si existe, y muchos lucharán para protegerlo incluso sin saberlo, así que LUCHA, lucha, lucha... tu Señor Jesús está contigo y nada os dañará, incluso aquellos que dicen ser sus apóstoles, predicadores de falsedad, mirad sus frutos, sus malos frutos y sabrás que ellos son falsos profetas (Mateo 7:15-16) rechaza la oscuridad, que el Señor nos dé la gracia para arrepentirnos y amar perfectamente en la verdad.

Amén

El Papa Benedicto traza una línea en la arena...

En un mensaje escrito a la Pontificia Universidad Urbaniana de Roma, el Papa emérito Benedicto XVI hizo hincapié en que la renuncia a la verdad es "letal para la fe"(1)

"Hoy muchos piensan que las religiones deben respetarse mutuamente y, en su diálogo, se convierten en una fuerza común para la paz", continuó el Papa emérito. "La cuestión de la verdad, que lo que motivó inicialmente cristianos más que cualquier otro, se ponen entre paréntesis aquí... Esta renuncia a la verdad parece realista y útil para la paz entre las religiones en el mundo."

"...Sin embargo es letal para la fe"

"Pierde su carácter vinculante y su seriedad, todo se reduce a símbolos intercambiables, capaz de referirse sólo lejanamente al misterio inaccesible de lo divino." Papa Benedicto XVI.

¿Cuál es la única misión de la Iglesia? Salvar almas y hacer santos... El "Papa" Francisco ha declarado muchas cosas que rayan en el los bordes de herejías y ha actuado de tal manera, que no sabemos si él es para el Señor Jesús o para otra religión extraña.

Benedicto XVI no puede decir eso, si la fe es amenazada con lo que muchos lobos con piel de oveja están predicando y cabildeo por hoy, así, no podríamos ver a Benedicto no hacer lo que todo buen discípulo de nuestro Señor haría... señalar lo que está mal , y si no es escuchado, si los que son para el mundo no cambian, entonces distanciarse de ellos.

"Al hombre que cause divisiones, después de la primera y segunda amonestación, deséchalo, sabiendo que

el tal es perverso y peca, habiéndose condenado a sí mismo." Tito 3: 10-11

El Cardenal Raymond Burke ha revelado los agravios, Arzobispo Gänswein, arzobispo Atanasio Schneider, Obispo Gadecki y algunos otros también... el Papa Benedicto ha producido un mensaje escrito y corregido sus propios escritos por causa del cardenal de Francisco el cardenal Kasper, para que así, él no utilice las palabras del Papa Benedicto XVI, en el cabildeo de una mentira del infierno: la comunión a los divorciados vueltos casar.

El Papa Benedicto XVI ha pedido no renunciar a la verdad, pero si lo hacen... ¿Qué piensa usted que va a suceder?

Él es papa, si se aprueba algo pareciso al Relatio malvado del Sinodo y el "Papa" Francisco lo aprueba, entonces esa es una herejía SIN ninguna duda, una herejía material, entonces todas las advertencias dadas por todos los verdaderos discípulos de Cristo y el Papa Benedicto serían ignorados, por el bien de el ANTIEVANGELIO... un evangelio liberal, una mentira o una mentira proclamada como verdad... un veneno "pastoral".

El Papa Benedicto XVI ha trazado una línea en la arena y es una línea hecha por su advertencia sobre la renuncia a la verdad y también la corrección de sus propias palabras acerca de las parejas sobre el divorcio y volverse a casar con relación a conseguir la comunión, sus palabras habla en voz alta, pregúntense: ¿Cómo puede haber una sola fe verdadera con sacerdotes rechazando la verdad? Si dan la comunión al inpenitente, ¿cómo pueden esas almas salvarse con una mentira? ¿Cómo el papa Benedicto podría quedarse callado y no hacer nada para salvar esas almas? Exactamente, la línea ha sido trazada...

Piense en ello, ¿cuántos irían al infierno con esa mentira: la comunión a parejas divorciadas vueltas a casar, que es exactamente, dando lo que es sagrado a los perros (Mateo 7:6). La Eucaristía va a ser burlada con esa mentira, pero ¿qué pasa con los muchos sacerdotes llendose al infierno por permanecer en silencio y obedecer a la iniquidad? Al regalar el tesoro de Dios, la Santa carne de Dios.

El Papa Benedicto XVI obedecerá a Dios, Benedicto seguirá a Dios, porque él ama a Dios y a la Iglesia de nuestro Señor Jesús, nuestra Santísima Madre estará observandole y todos los papas en el cielo le miran, el martirio se acerca y el otro Joseph (José), en el que la profecía de San Pío X [2] se cumplirá, una profecía en la que San Pio X ve a otro papa con el mismo nombre que él (el Nombre de Pio X es Giuseppe o sea José) huyendo del Vaticano (Joseph Ratzinger), él dará todo por amor a la verdad, y sólo tengo la esperanza, que podamos imitar su ejemplo.

Dios bendiga al Papa Benedicto XVI, Dios bendiga a la única fe verdadera, alabado sea Dios. Amén

Pensilvania y el Laudato Si

El hombre que está sentado en el trono de San Pedro estará de visita en los Estados Unidos coincidiendo con la presentación de su primera encíclica: "Laudato si"(1) que significa "Alabado sea" en latín.

Esta encíclica... tiene 37,784 palabras, que en el sentido de Literatura... es hermosa, toneladas de palabras hechas de paletas de azúcar y flores por todas partes.

El hombre sentado en la silla de San Pedro, de esas 37,000 palabras menciona el Aborto una vez... como en su extraña exhortación Evangelii Gaudium. No sé por qué tantas personas están tan excitadas por su "condena" al aborto, todos los fieles católicos saben lo que el aborto es: un asesinato.

Las madres que mataron a su hijos, los médicos, monjas, enfermeras y administradores de la fatalidad... son todos asesinos de los inocentes, ¿cuántas veces has oído decir eso de Bergoglio? Nunca, y él siempre ha establecido en pocas palabras que el aborto no es progresivo, "no es progresivo eliminar una vida humana."(2) lo ha declarado muchas veces, pero una cosa es lo que dice, cómo lo dice y sus obras.

Bergoglio lo ha dicho en su autobiografía "El cielo y la tierra", en la exhoratción Evangelii Gaudium y ahora en Laudato Si; pero, también ha declarado que "hablamos demasiado sobre el aborto, la anticoncepción y la homosexualidad", abriendo la puerta a asesinos y darles un segundo viento.

37.000 palabras de la literatura de chocolate, pero no hay proclamaciones de la realidad, hoy, el mal es bueno y lo que antes era bueno ahora es malo... y hoy el mundo están pidiendo lo que es malo como un derecho.

"¡Ay de los que llaman al mal bien y al bien mal, que dan oscuridad por luz y la luz por tinieblas, que ponen lo amargo por dulce y lo dulce por amargo." (Isaías 05:20)

¿Hay una mejor definición de liberalismo en la Biblia que ésta? El liberalismo y Pedro no pueden coexistir, pero cualquier cosa hoy en día es confusa y dicha confusión está en todas partes, la tradición es rechazada y la mundanalidad vitoreada; hoy la tradición se llama "ir hacia atrás" y los sacerdotes son perseguidos por llamar las mentiras que se presentan como verdad como realmente son, por sus propios obispos, y, como se mencionó antes, San Francisco de Asís dijo que esto iba a suceder:

"...La santidad de la vida se tomará en burla incluso por aquellos que la profesan por fuera..."(3)

El "Obispo de Roma" irá hacia Pensilvania, predicará sus flores y paletas de azúcar hace estallar como siempre, y dejará de lado, el mal del mundo, con pura omisión, como lo ha hecho con Asia Bibi, o como cuando Irlanda se convirtió en Sodoma, y sobre aquellos que están predicando a dar la Eucaristía a los impenitentes... En realidad él ha predicado esto, cuando llamó por teléfono a esa mujer en Argentina, quién está casada con un hombre divorciado, para obtener la Eucaristía en una Parroquía diferente y el Vaticano ha reconocido que la llamada se llevó a cabo, pero no comentan pues su contenido no es para el público... pero ya sabemos, sus malos frutos hablan en voz alta.

Sin embargo, hay que rezar por su alma, no sus intenciones, como nuestro Señor así lo quiere, orar por los que nos persiguen y aún más... amar a nuestros enemigos (Mat 05:44), sin amor todo es una pérdida.

Antipapa Francisco. 10 razones por las que Francisco es un antipapal - el falso profeta (Mat 07:16)

En primer lugar, Anti-Papa según el Catecismo de Baltimore #3 lección 12 Q 537, significa que es un Papa pretendido. Los antipapas fueron hombres que por la ayuda de los cristianos infieles y / o que ilegalmente incautó y reclamó el poder papal mientras el Papa legítimo está en la cárcel o en el exilio.

El Papa Benedicto está en el exilio... hay mucha evidencia que sugiere que fue empujado a abdicar, de todos modos, Benedicto cree firmemente que él todavía tiene una llave de San Pedro, una llave espiritual y él está orando por la Iglesia en este tiempos oscuros.

Hay mucha evidencia que sustenta que el papado de Francisco no es válido, a partir de las herejías y hasta sacrilegio mientras estuvo en Argentina (misa tango, los 'curas villeros' dieron la Eucaristía a parejas irregulares y el cabildeo de sus amigos para que se convirtiera en Papa, e incluso dejar que el vientre de alquiler de un travesti y su pareja masculina sean bautizados con una gran ceremonia en un templo católico) siguiendo con la invalidez de la abdicación de Benedicto XVI, y terminando con el esfuerzo continuo para poner en el olvido la sana doctrina y dogma. Vamos a empezar...

10) La historia no está del lado de Francisco.

Han pasado 37 antipapas en la Historia de la Iglesia [1] y cada vez que hay un antipapa a la vuelta de la esquina hay otro Papa cual es verdadero, hay una gran similitud con la historia del papa Celestino V y el Papa Benedicto XVI, quienes fueron empujados fuera gracias a la astucia de los hombres malos, como Benedetto Caettani al convencer al Papa Celestino V a abdicar, una vez Celestino abdicó Benedetto[2] se convirtió en el "papa" (que conveniente, ¿no?).

El Papa Bonifacio VIII (Benedetto) persiguió Celestino de tal manera que todo su legado fue anulado por Benedetto, la mayoría de las cosas que el Papa Benedicto XVI hizo están siendo despedidas, ridiculizadas o rechazadas por Francisco; el papa Celestino fue encarcelado por Bonifacio, Benedicto ha dicho que sólo sale por invitación de Francisco sólomante... Bonifacio VIII y Celestino nos muestran un precedente con notables similitudes... hoy Papa Celestino V es un santo y Bonifacio no lo es y su legado ignorado y olvidado.

9) ¿Puede el Espíritu Santo predicar lo que Francisco ha predicado?

¿Puede un sacerdote ser homosexual y al mismo tiempo ser un discípulo de Jesús? Según Francisco sí... contradiciendo Benedicto XVI, las Sagrada Escrituras y cada concilio sobre este asunto. Sobre la cuestión de un ser gay un sacerdote, el dijo "¿quién soy yo para juzgar"(3), pero nuestros antepasados nos han enseñado, el papa es el juez supremo y la sodomía ha sido condenada en toda la historia de la Iglesia y la Sagrada Escritura...

"La Congregación para la Educación emitió una decisión hace unos años en el sentido de que los candidatos homosexuales no pueden ser sacerdotes porque su orientación sexual les aleja de el sentido propio de la paternidad, de la naturaleza intrínseca del ser sacerdotal."(4)

¿Cómo un sacerdote homosexual puede predicar / enseñar el camino de la santidad, cuando su propia psicología es problemática? La homosexualidad es una abominación, un pecado que clama por venganza, una enfermedad psiquiátrica (DSM II) y Francisco ha hablado como uno del mundo, no como un discípulo de Cristo, el respeto sin arrepentimiento no es en la Sagrada Escritura, un verdadero Papa no se atrevería a decir ni siquiera de forma implícita una cosa así, pero un antipapa? sí...

"No sabéis que los injustos no heredarán el reino de Dios, No se dejen engañar; Ni los fornicarios, ni los idólatras, ni los adúlteros, ni los prostitutos ni los homosexuales, ni los ladrones, ni los avaros, ni los borrachos, ni los maldicientes, ni los estafadores, heredarán el reino de Dios" 1 Corintios 6: 9-11

El amor se goza en la verdad (1 Corintios 13: 6) ¿cómo puedes amar a alguien y por respetarlos no decirles la verdad?, la verdad puede liberarte y señalar tus maneras impuras... sin arrepentimiento y renuncia al pecado El cielo no puede ser logrado!!! Sólo las personas del mundo enseñan la excusa de "no me juzgues" Pero el hombre espiritual juzga todo (1 Cor 2,15) y tenemos que juzgar ACTOS según la Sagrada Escritura para traer la oscuridad a la luz:

"Para que abras sus ojos para que se conviertan de las tinieblas a la luz y de la potestad de Satanás a Dios, para que puedan obtener el perdón de pecados y herencia entre los que han sido consagrados por la fe en mí." Hechos 26:18

8) La mano oculta...

Francisco ha demostrado que él es el que empuja a la burla total de la Eucaristía con su peón de los divorciados vueltos a casar, el cardenal Walter Kasper, este ha sido elogiado por Francisco como el teólogo que hace "teología de rodillas"(5), tanto él como otros, en la época en que el Papa Juan Pablo II estaba vivo, fueron derrotados en dar la comunión a los impenitentes.

"3. Sin embargo consciente de que la auténtica comprensión y la genuina piedad nunca se separan de la verdad, los pastores tienen el deber de recordar a estos fieles sobre la doctrina de la Iglesia acerca de la celebración de los sacramentos, en particular, la recepción de la Santa Comunión. En los últimos años, en varias regiones, diferentes soluciones pastorales en esta área se han sugerido, según la cual, por cierto, una admisión general de los divorciados casados de nuevo a la comunión eucarística no sería posible.(6)

Enrique VIII quería divorciarse y casarse de nuevo, muchos santos sufrieron el martirio a causa de esto, un Papa no tiene la autoridad para cambiar una verdad revelada, en otras palabras cambiar las palabras de Jesucristo, en la que Él enseña sobre el adulterio:

"Todo el que repudia a su mujer y se casa con otra comete adulterio, y el que se casa con una mujer divorciada de su marido, comete adulterio." Lucas 16:18

"De manera que el que coma el pan o beba la copa del Señor indignamente, será culpable del cuerpo y de la sangre del Señor. Por tanto, examínese cada

uno a sí mismo, y entonces coma del pan y beba de la copa. Porque el que come y bebe sin discernir correctamente el cuerpo del Señor, come y bebe juicio para sí." 1 Cor 11: 27-29

¿Cree usted que Francisco entiende esto? Sus frutos hablan por sí mismos, también, existe evidencia de que sus amados "curas villeros"(7) dieron la Eucaristía a muchos, sin detenerse a pesar de las situaciones matrimoniales irregulares y también llamada infame a una mujer casada con un hombre divorciado, diciéndole que debe conseguir la Eucaristía en una parroquia diferente, y no hay negación o aceptación de este sacrilegio.

7) NO conversión, NO proselitismo?

"Que tu sí sea sí y vuestro no sea no, todo lo demás es del diablo." Mat 05:37

La ambigüedad en todas sus "enseñanzas" asustan y los católicos que no conocen bien su fe están abrazándola:

"Los ateos que hagan el bien y nos encontraremos allí" es un error gigantesco, inconfundible y él no ha querido corregir su postura, por el contrario, usted puede encontrar que ha sido constante a lo largo de su vida sobre contradecir las propias palabras del Señor.

Sobre los ateos Francisco dice en su autobiografia: "No me acerco a la relación con el fin de hacer proselitismo o convertir a los ateos, yo los respeto y me muestro como soy, donde hay conocimiento, comienza a aparecer estima, afecto y amistad. no tengo ningún tipo de renuencia, ni le diría que su vida está condenada..."[8]

Jesús: "Él les dijo: "Id por todo el mundo y proclamad el Evangelio a toda criatura. El que creyere y fuere bautizado, será salvo; el que no creyere, será condenado" Marcos 16: 15-16

Una cosa que Jesús mandó hacer a sus primeros sacerdotes, primeros Apóstoles, primeros obispos y primer Papa... ir a las naciones y haced proselitismo... Francisco hace una distinción acerca del proselitismo como "el PR (PR: relaciones públicas por sus siglas en inglés) del catolicismo" en aquella cita sobre los ateos en su libro: en cielo y la tierra... el no entiende o le importa, ese mismo PR 'proselitismo' fue la razón muchos santos murieron en el martirio...

La bomba del infame "Los ateos hagan el bien", es una bofetada en la cara a todos los católicos que tiene perseveran con sacrificios, sufrimientos y miedo al Señor. Ateos hagan el bien es sólo la punta del iceberg... contradiciendo al Señor ha sido el tema para cada antipapa, pero ningún antipapa nunca ha hablado como él y de esa forma SIN ninguna oposición, nunca.

6) Le da asco la tradición.

El tradicionalismo católico es el rendimiento de la tradición de los fieles, es visto popularmente como una persona que practica las enseñanzas de patriarcal y apóstolica, también llamada como ortodoxia.

"Por tanto, hermanos, estad firmes y conservad las tradiciones que habéis aprendido, sea por una declaración oral o por carta nuestra." 2 Tesalonicenses 2:15

No es de extrañar que un antipapa rechaze las enseñanzas de nuestros antepasados, pero las tradiciones constantemente burladas, cuales han creado todos los santos de nuestra Iglesia es impactante.

Francisco: "Comparto con ustedes dos preocupaciones. Una de ellas es la corriente pelagiana que hay en la Iglesia en este momento. Hay algunos grupos restauracionistas. Sé de algunos, pues cayó sobre mí recibirlos en Buenos Aires. Y uno se siente como si uno se remonta 60 años Antes del Concilio... Uno se siente en 1940... Una anécdota, sólo para ilustrar esto, no es para reírse, lo tomé con respeto, pero me preocupa! cuando fui elegido, recibí una carta de uno de estos grupos, y me dijeron: "Su Santidad, le ofrecemos este tesoro espiritual: 3.525 rosarios" ¿Por qué no dicen, "rezamos por usted, le pedimos...", pero esta cosa de contar... Y estos grupos vuelven a prácticas y disciplinas que viví - No ustedes, porque no sois de mi edad - a las disciplinas, a las cosas que en ese momento se llevó a cabo, pero no ahora, no existen hoy..."(9)

Las prácticas y disciplinas que todo Santo abrazó y amó a lo largo de 2000 años de tradición, sin cambios. Y puedo probar esto: a pesar de las ventanas de la Iglesia se abrieran en el Concilio Vaticano II, no a nacido otro Santo en el mundo después de 1965 de la misma estatura de San Padre Pío o San Francisco de Asís, allí mismo este detalle dice mucho... pero la tradición es demasiado vieja y rígida para un mundo exigiendo más y más libertad, libertad mundana, hoy en día la verdad se ve de acuerdo al contexto de la época que estamos viviendo, cuando la tradición no cede a la era, la tradición se practica cómo nuestros antepasados y la biblia nos lo dicen:

"Jesucristo es el mismo ayer, hoy y siempre." Hebreos 13: 8

Francisco: "El otro es el neopelagianismo prometeico ensimismado de los que en última instancia, confian sólo en sus propios poderes y se sienten superiores a los demás porque observan ciertas reglas o siguen siendo intransigentemente fieles a un estilo particular, Católicismo del pasado..."[10]

¿Por qué bloquear el tradicionalismo cuando nadie está bloqueando el movimiento carismático o el neocatecumenismo? Los puntos de vista tradicionales son pelagianos y ensimismados, contando rosarios para él es un pecado, triste pero cierto, La hipocresía es el nuevo brazo pastoral del tope, pero por lo menos este hombre ha sido honesto acerca de los creyentes en la tradición y su mentalidad: "Pequeñas-mentes"(10)

5) La destrucción del papado.

"Decidí primero nombrar a un grupo de ocho cardenales que constituirá mi consejo. No son cortesanos sino personas sabias y alentadas por mis propios sentimientos. Este es el comienzo de la Iglesia con una organización no vertical sino horizontal."(11)

Puedo debatir con cualquier evangélico "cuando se fundó sus iglesias y puedo decirles cuando la mía fue fundada", y por supuesto que fue fundada por el mismo Jesucristo en Pedro (Marcos 16:18), pero no se trata de ganar debates, porque el apóstol Pablo quiere que permanezcamos humildes acerca de nosotros tener y abrazar la verdad. Hace dos mil años Jesús, recibió el mandato del Padre y Jesús obedeció e hizo lo mismo con Pedro y los discípulos, cuando Jesús se había ido esa misma verticalidad que Él recibió del Padre también enseñó a Pedro.

Dos mil años de verticalidad y este es el primer Papa en rechazarla y proclamar al mundo una nueva forma de dirigir las cosas, al igual que una democracia se corre en cualquier país, rechazando los zapatos rojos de los pescadores, el rechazo de llevar el anillo a veces, rechazando el apartamento papal para vivir en un hotel... esas son pocas cosas en comparación con esa admisión de rechazo, la mayoría de los obispos les encantaría eso, debido a la mayoría de ellos desear el poder... pero...

"El suelo del infierno está empedrado de los cráneos de los obispos." San Atanasio, Concilio de Nicea, año 325.

Descartando la forma misma de la Iglesia ha sido administrada desde el primer día, dice todo acerca de Francisco...

4) La profecía está en su contra.

"Roma perderá la fe y se convertirá en la sede del Anticristo", dijo nuestra Santísima Madre la Virgen María en La Salette, Francia el 19 de septiembre de 1846.

Para que el Templo Santo llegue a ser corrupto necesita ayuda desde dentro, alguien va a ayudar al enemigo para esos fines, por que así los elegidos puedan caer y el anticristo pueda ser recibido como un héroe en el interior del Sagrado Templo.

"Que nadie os engañe en ninguna manera, porque *no vendrá* sin que primero venga la apostasía y sea revelado el hombre de pecado, el hijo de perdición," 2 Tesalonicenses 2: 3

Alguien va a corromper el Santo Templo y tendrá aspecto de oveja, mientras es tremendo lobo.

La profecía de San Francisco de Asís es la más famosa profecía de este destructor de la fe... Empezó diciendo:

"El tiempo se acerca rápidamente en el que habrá grandes pruebas y aflicciones; perplejidades y disensiones, tanto espirituales como temporales abundarán; la caridad de muchos se enfriará, Los demonios tendrán poder inusual, la pureza INMACULADA de nuestra Orden, y de otros, serán oscurecidas..."[12]

Francisco comenzó su papado al no respetar los deseos de los Franciscanos de la Inmaculada en honrar el motu proprio del Papa Benedicto XVI, pues algunos de los Franciscanos querían hacer las cosas de forma "normal", entonces se construyó la excusa de la "unidad" para Francisco entonces encargar a fr. Volpi de demolerlos... si San Francisco estuviera vivo él le hubiera abierto la puerta a esos Franciscanos corruptos para formar su propio orden separada. San Francisco continuó:

"...Habrá muy pocos cristianos que obedecerán al <u>verdadero</u> Sumo Pontífice y la Iglesia con corazones leales y caridad perfecta. En el momento de esta tribulación un hombre, no canónicamente elegido, será elevado al Pontificado, que, por su astucia, se esforzará por empujar a muchos al error y la muerte. Entonces los escándalos se multiplicarán, nuestra Orden se dividirá, y muchos otros serán destruidos por completo, porque van a dar su consentimiento al error en lugar de oponerse. Habrá tal diversidad de opiniones y cismas entre el pueblo, los religiosos y el clero, que, si aquellos días no se acortaran, según las palabras del Evangelio, aún los escogidos serían inducidos al error, que si no fueran especialmente guiados, en medio de tanta confusión, por la inmensa Misericordia de Dios.

Entonces nuestra Regla y forma de vida será opuesta violentamente por algunos, y terribles pruebas vendrán sobre nosotros. Los que se encuentran fieles recibirán la corona de vida; pero ¡ay de aquellos que, confiando únicamente en su Orden, caigan en la tibieza, porque no serán capaces de soportar las tentaciones permitidas para la probar a los elegidos.

Los que preservan su fervor y se adhieren a la virtud con amor y celo por la verdad, van a sufrir lesiones y persecuciones, como rebeldes y cismáticos de sus perseguidores, empujado por los malos espíritus, dirán que están prestando un gran servicio a Dios mediante la destrucción tales hombres pestilentes de la faz de la tierra.

Pero el Señor será el refugio de los afligidos, y salvará a todos los que confían en Él. Y con el fin de ser como la Cabeza (Jesús) estos, los elegidos, actuarán con confianza, y por su muerte comprará para sí la vida eterna... eligieron obedecer a Dios antes que a los hombres, no temerán nada, y preferirán perecer [físicamente] en lugar de dar su consentimiento a la falsedad y la perfidia.

Algunos predicadores guardarán silencio sobre la verdad, y otros pisotearán bajo pie y la negarán... La santidad de la vida se llevará a cabo en burla incluso por aquellos que la profesan hacia el exterior, ya que en esos días Jesucristo no les enviará un verdadero pastor sino un destructor. "
(12)

Algunos dicen que esta profecía tiene que ver con el Cisma de Occidente, pero, tiene la santidad de la vida está en burla igual en aquel entonces como ahora? ¿Francisco ha sido sólido como una roca en este respecto? Francisco ha sido a veces, peligrosamente limítrofe sacrílego con sus "enseñanzas" sobre la vida de los no nacidos, así que NO, no es sobre el Cisma de Occidente, esta profecía es de nuestro tiempo.

"No es" progresista "para tratar de resolver los problemas mediante la eliminación de una vida humana. POR OTRO LADO, también es cierto que hemos hecho poco para acompañar adecuadamente a las mujeres en situaciones muy difíciles, donde el aborto aparece como una solución rápida a su profunda angustia, sobre todo cuando la vida que se desarrolla en su interior es el resultado de una violación o de una situación de extrema pobreza. ¿Quién puede permanecer impasible ante este tipo de situaciones dolorosas?(13)

Error y muerte nos llevará, dice San Francisco de Asís, pero ¿qué pasa con otras profecías? Hay muchos, dijo la Beata Catalina Emmerich...

"Vi dentro de una ciudad, una reunión de clérigos, laicos y mujeres, que estaban sentados juntos, comiendo y haciendo bromas frívolas, y encima de ellos una nube oscura que descendió en una llanura sumergida en la oscuridad. En medio de esta niebla, Yo veía a satanás sentado y alrededor de él, muchos compañeros como personas estaban en la reunión, cual estaba ocurriendo por debajo. Todos estos espíritus malignos se movían continuamente y tratando de empujar a la gente en esta reunión para hacer el mal. Susurraban a sus oídos y actuaban en ellos en todas las formas posibles, Estas personas estaban en un estado muy peligroso de excitación sensual y en conversaciones provocadoras, los eclesiásticos eran aquellos cuyo principio eran:. "Hay que vivir y dejar vivir. En nuestro tiempo, no debemos estar separados o ser un misántropo: debemos regocijarnos con los que se gozan "AA II 488...

Francisco tuvo una entrevista con la revista viva en la que dio los 10 secretos para que la gente sea feliz... "Vive y deja vivir", de esos 10 secretos, no se menciona el nombre de Jesús en ningún lugar (14), también Pedro Regis de Brasil (quién su obispo ha declarado que esas apariciones son auténticas), Conchita González de Garabandal qué santo Padre Pío dijo que las apariciones eran auténticas, Santa Brígida de Suecia... etc.

3) Enseñanzas extrañas.

"Haced todo sin murmuraciones ni discusiones ..." Phil 02:14

Francisco le dice a los católicos que es bueno orar cuestionando a Dios y preguntarle por qué, en la estela del Tifón de las Filipinas.(15)

"Los cristianos con la Biblia, los musulmanes con el Corán, con la fe de sus padres que les llevará lejos."(16)

Esas pobres almas deben de haberse sentido bien que alguien tan importante les diga que está bien seguir su religión falsa.

"Pero se levantaron falsos profetas entre el pueblo, así como habrá también falsos maestros entre vosotros, los cuales encubiertamente introducirán herejías destructoras, negando incluso al Señor que los compró, trayendo sobre sí una destrucción repentina." 2 Pedro 2: 1

Francisco: "Yo soy respetuoso de todas las nuevas propuestas espirituales, pero tienen que ser auténticas y se someterse a la aprobación del tiempo, cual revelará si su mensaje es temporal o vivirá a través de las generaciones, sobrevivir el paso del tiempo es el principal don de pureza espiritual." (17)

Pureza? Y este hombre fue "elegido" Papa con tal herejía escrita allí mismo, en su autobiografía "en el cielo y la tierra", cuando él fue obispo de

Argentina? Bueno, creo que no es nada para Francisco llamar algo "puro" que ha pasado la prueba del tiempo forzando sus creencias con la espada y mentiras directamente del infierno.

Él ha estado "caminando" con Judios, musulmanes, ateos, y todo tipo de extrañas religiones en Argentina y no hay un solo testimonio de conversión de esas falsas religiones, no uno.

Incluso llamó la antigua alianza de los Judios como válida, cuando los concilios católico, santos, profetas, apóstoles y hasta al mismo Dios han dicho que el antiguo pacto fue roto, si es válido, entonces los Judíos no necesitan a Jesús, el Nuevo Pacto de Padre Todopoderoso.

'Mira, vienen días en que haré un nuevo pacto con la casa de Israel y la casa de Judá, No será como el pacto que hice con sus padres el día que los tomé de la mano para sacarlos de la tierra de Egipto. Me rompieron el pacto, aunque fui yo un maestro. Pero este es el pacto que haré con la casa de Israel después de aquellos días. Pondré mi ley en su mente, y la escribiré en sus corazones; Yo seré su Dios y ellos serán mi pueblo. Ellos ya no enseñar a sus amigos y familiares, "Conoce al Señor!" Todo el mundo, de menor a mayor, me conocerán porque perdonaré la maldad de ellos y ya no se acordará de su pecado. " Jer 31: 31-34

Francisco dijo al evangélico Tony Palmer que no se convirtira al catolicismo[18] por el bien de una agenda de "unidad", parece que el obispo Bergoglio no le importa el alma de su amigo que hubiera tenido una ganancia espiritual más grande con los sacramentos. Pero Francisco dijo:

"El proselitismo es un disparate solemne"[19]

Francisco confirmar esa mentira del infierno de nuevo, con los 10 secretos para ser feliz que concedió a la revista Viva

"No hagais proselitismo religioso"[20]

2) Teología protestante.

Francisco: "Es hermoso pensar en esto, pensar en el Cielo. Todos nosotros estaremos allí juntos, todos nosotros!"[21]

Universalismo, una idea protestante en la que todos nosotros estamos salvos...

"¿Cómo reducir la puerta, y angosto el camino que lleva a la vida. Y los que lo encuentran son pocos." Mat 07:14

"Así que, amados míos, obediente como siempre has sido, no solamente cuando estoy presente, pero aún más ahora que estoy ausente, ocupaos en vuestra salvación con temor y temblor." Phil 02:15

Si todos nos vamos al cielo, entonces... ¿por qué?, ¿por qué el catolicismo?,

¿porque trabajar tan duro para permanecer fiel?, ¿por qué los sacrificios? Según Francisco vamos todos al cielo, al igual que la teología protestante y errónea, "una vez salvo, siempre salvo."

Francisco: "¿De qué cosas puede presumir un cristiano? Dos cosas: sus pecados y Cristo crucificado"(22).

Francisco en su homilía en septiembre del 2014 en casa Santa Marta le dió esta bofetada en la cara a nuestro Señor, la jactancia de los pecados, como la teología peligrosa de Martin Lutero "Sé un pecador, y deja que tus pecados sean fuertes, pero dejad que tu confianza en Cristo sea más fuerte"(23)

El falso profeta Martín Lutero dijo una vez, que la misa católica (misa tridentina) debe ser destruida:

"Quitad la Misa, destruyan la Iglesia."(24)

Se siente, que la persecución ha aumentado a la misa en latín, que Francisco va con esta falsa teología, pues a dejado saber entredicho que la antigua misa se tiene que ir. Triste...

1) Negación a Jesús.

"Yo creo en Dios, no en un Dios católico, no hay Dios católico, está Dios y creo en Jesucristo, su encarnación. Jesús es mi maestro y mi pastor, pero Dios, el Padre, Abba, es la luz y el Creador. Este es mi Ser." (25)

¿Quién es este Dios católico? Todas las demás religiones creen en Dios, pero no tienen salvador!!! Bergoglio está diciendo esto por sí mismo y cree en la encarnación de Jesús, que Él es su pastor y maestro... pero Dios es como otra cosa aparte de Jesús... así que de nuevo: ¿Quién es este Dios católico?

"Nadie va al Padre sino por mí" Juan 14: 6

Los Judíos creen en Dios, los testigos de Jehová creen en Dios, los budistas creen en Dios, los musulmanes creen en Dios... pero no tienen salvador.

Pregúntate a ti mismo: ¿Quién es este Dios católico? La respuesta es: JESÚS.

En los 10 secretos para ser feliz, no hay mención de Jesús en ningún lugar de estos secretos... Cuando Francisco dijo "Jesús pretendió" fue otra bofetada en el rostro de nuestro Señor, ni siquiera en broma, y menos un Papa puede decir esto, si él fingió estar enojado a los apóstoles, Jesús podría haber fingido, en otras palabras: mentir, en cualquier momento, negando tal afirmación la divinidad de nuestro Señor.

Triste muy triste...

No todo es malas noticias...

No todo son malas noticias para el "obispo de Roma" y cualquiera de nosotros pecadores testarudos, la Misericordia de Dios se ha derramado en el mundo a través de las dolorosas heridas de nuestro Señor Jesús, esta Misericordia no tiene fin, pero es solo para aquellos que se arrepienten con un corazón contrito y para nosotros recibir tal regalo, debemos abrazar el arrepentimiento en toda su plenitud; o sea que el "obispo de Roma" tiene que reconocer ante la Iglesia sus omisiones y sus intenciones.

¿Cuántas personas han sido engañados con sus omisiones y falsas enseñanzas?

El mundo entero ha sido engañado, tuvo la oportunidad de proclamar la verdad acerca de Jesús en cada oportunidad y en su lugar, proclamó:

"No hagan proselitismo religioso"

Contradiciendo la palabra Santa de Jesús cuando dijo a sus discípulos...

"...Id, y haced discípulos a todas las naciones..." (Mateo 28:19)

De todas formas, el único juez de todos nosotros es nuestro Señor y Él no niega Misericordia a todos los que tienen verdadero arrepentimiento y corazón contrito (Salmo 51:17), el primer papa falso o antipapa fue un hombre llamado Hipólito, este hombre luego llegó a convertirse en Santo[1].

Hipólito (170 - 236 dC), se convirtió en falso papa, cuando el verdadero Papa era Ponciano, tanto Hipólito y Ponciano fueron exiliados a las minas de Cerdeña, en la era pre-Constantino, Hipólito vio como un Santo se comporta, Ponciano tomó todo el sufrimiento con amor y se lo ofreció a Dios, Hipólito al ver esto se arrepintió, Ponciano le perdona y más tarde fue martirizado al ser desmembrado tirado por caballos.

Hipólito se convirtió en un santo, y todo porque él reconoció su error a tiempo...

Todos cometemos errores, todos pecamos... pero, cuando gente está deliberadamente tratando de vender el Evangelio por 30 monedas, tratando de dar la perla a los perros (Mateo 7: 6), eso lo dice todo acerca sobre lobos con piel de oveja, el problema es que la mayoría de los católicos no conocen su fe bien y abrazan todo lo que se les da, sobre todo cuando parece lógico o hermoso y todo lo que hace Francisco dice suena como a flores y paletas de azúcar.

Este hombre es amado y abrazado por el mundo, cuando cada Papa, desde el inicio de la Iglesia ha sido odiado por el mundo, así que tengan cuidado y permanezcan fieles a la verdadera esposa de Cristo, la Iglesia Católica.

"¡Oh almas adúlteras! ¿No sabéis que la amistad del mundo es enemistad hacia Dios? Por tanto, el que quiere ser amigo del mundo, se constituye enemigo de Dios." (Santiago 4:4)

Pronto el hombre sentado en el trono de San Pedro, visitará los Estados Unidos y si el arrepentimiento no ha sido encontrado por él, entonces él continuará predicando el humanismo, por lo tanto abran los ojos.

Aún así, es nuestra esperanza que a través de la oración y el sacrificio, el mismo enfoque que Hipólito tuvo al arrepentirse a tiempo sea abrazado por este falso profeta, así que... vamos a orar por el alma de este hombre para que se convierta, pero NO oren por sus intenciones.

"Venid ahora, y razonemos --dice el SEÑOR-- aunque vuestros pecados sean como la grana, como la nieve serán emblanquecidos; aunque sean rojos como el carmesí, como blanca lana quedarán. Si queréis y obedecéis, comeréis lo mejor de la tierra;" (Isaías 1:18-19)

Camino al Gólgota.

Muchos ahora mismo, alrededor de todo el mundo están siendo perseguidos, algunos son las víctimas que el cielo necesita para traer a la conversión a los pecadores, algunos otros son mártires, cuya sangre es derramada para limpiar la iglesia... muchos son asesinados de manera horrorosa, muchas mujeres violadas, otros esclavizados, otros cortados como ganado por el gusto de una audiencia; lágrimas y se encuentran conjugadas en la sangre.

Jesús participa en esta nueva paliza, estos horrores son suyos, porque Él es el Maestro, nadie ha sufrido en todo el mundo como El, así que... El debe enseñarnos como llevar nuestra cruz hasta el Gólgota, pero nunca te deja solo en el camino, El... después de un tiempo, verás que lleva la cruz contigo y va compartiendo tu dolor, que después de un tiempo no duele como antes, tu viendo al Maestro vale la pena, Su sonrisa te pone casi en el cielo, y cuando llega el tiempo, alla en la cima de la colina estarás con Él...

El os dará otro milagro, como Juan escuchó el dulce sonido de Su Corazón Misericordioso, tu también oirás el sonido melodioso de las olas de la Misericordia para ti y el mundo, Él te pondrá a dormir como un padre lleva a su princesita a la cama, cual bella cama es la cruz donde dormiras por un rato... Entonces te dices:

"Yo no era digno, pero Tú me enseñaste a serlo", después dirás *"por favor acuérdate de mí cuando entres en Tu Reino"*, y luego escucharás las dulces palabras: *"Hoy tú y yo estaremos en el paraíso."*

Ese es el buen dolor que compartes con Cristo, es cuando Sus amigos le complacen en todos sus mandamientos y los dolores son de Él, porque Él nunca te deja solo en este camino de Justicia, la cual duele tanto...

Sus lágrimas se encontrarán con las tuyas y desde Su muerte y resurrección, todo ese dolor de Su rebaño, tu dolor... te alerta que no vas solo caminando hacia el Gólgota.

Sus amigos caminaron con Él y sufrieron con Él, los que predicaron el Evangelio con el ejemplo y su voz, muchos creerán por tu ejemplo, por tú caminar al Gólgota a compartir los buenos dolores con El para que seas glorificado en El.

El dolor más horrible es la que El no puede compartir con nadie, ese dolor que se inflige sobre El, es por la gente que se supone que le conocen, la traición hace que Su sudor caiga como sangre en el suelo.

Judas caminó la tierra con El, vió a Lázaro salir de la tumba, vió leprosos ser limpiados de sus miserias, vió cuando Jesús caminó sobre las aguas, Judas vió a muchos espíritus malignos salir gritando de muchos, él fue con los 72 y proselitó, pero a pesar de toda esta belleza, decidió tomar las 30 monedas de plata.

Muchos han visto pequeños milagros y grandes también, pero en lugar, venden el Evangelio que tanto estudiaron, la vida de los santos y las enseñanzas de nuestros antepasados, estos prefieren alguna otra enseñanza extraña fuera del Evangelio...

Santo Tomás Moro murió porque Enrique VIII quería casarse y divorciarse de su esposa legítima, por este traidor, Santo Tomás fue decapitado y sus dolores estaban con Jesús, la mayoría de los Obispos apostataron clavando a Jesús en la cruz de nuevo como los fariseos y una nueva procesión hacia el Gólgota fue dada, por puro odio a lo sagrado y en su lugar, ansias de poder, ellos tomaron sus 30 monedas de plata.

Los dolores espeluznantes, son los que hacen que Jesús sufrá las heridas con Su carne abierta, las espinas en Su cráneo y hasta en uno de sus ojos, la cruz grande as us espaldas con todas las burlas y escupitazos volando, hasta que los clavos vuelve a entrar en sus manos y pies una vez más.

El proselitismo nos trajo a Santo Tomás Moro y muchos mártires, San Juan Bautista está llorando al ver como muchos en silencio se comportan como Herodes, el proselitismo nos a traído a muchos que han compartido los buenos dolores con nuestro Señor... Hoy en día tenemos que **tomar una decisión**, o dejamos que el Señor nos enseñe el camino al Gogotha y somos buenos discipulos, o tomamos las 30 monedas de plata...

Los católicos han nacido para la grandeza así dijo el Papa Benedicto XVI y esta grandeza reside en la cruz cual nos mantiene con nuestra decisión... clavado a ella, el proselitismo es bueno o sea es solo propagar el evangelio, el catolicismo es una cosa hermosa cuando nos entregamos a Jesús, quién es el Maestro y Señor... NO dejes que nadie te engañe, Jesús es ese Dios católico y yo creo en un Dios católico, y espero que tú también.

Bendiciones en nuestro Señor Jesús Amén.

Últimas palabras...

En una entrevista con el diario argentino La Nación, Mario Bergoglio dijo entre muchas cosas lo siguiente: "Mira, yo escribí una encíclica, es cierto, fue un gran trabajo, y una Exhortación Apostólica, estoy haciendo permanentemente declaraciones, dando homilías; eso es enseñanza. Eso es lo que pienso, no lo que los medios dicen lo que pienso. Compruébelo usted mismo, es muy claro. Evangelii Gaudium es muy clara"[1]

Para aquellos que llaman sus errores como su opinión personal, hay está... encíclica, exhortación y homilías... él está llamándolas "enseñanzas", no hay manera de escapar a la realidad, se nos ha mostrado la puerta al infierno: <u>confusión</u>, como la más bella cosa, la herejías y Pedro no pueden ser.

Al principio de este libro leemos las palabras de nuestra Madre quién nos da aquella profecía en La Salette en la cual muestra cómo la apostasía le abrirá las puertas al anticristo para que se siente en el interior del Templo Sagrado, algunos necesitan corromper el Templo Santo para que el gobernante del mundo y de la anti-iglesia, pueda sentará en el trono de Pedro y declararse como Jesús.

Hay muchas profecías aprobadas por la Iglesia Católica hoy por hoy, que Bergoglio está cumpliendo, muchas contradicciones de sus tan aclamadas "enseñanzas" con la palabra Santa de Dios, este libro podría tener toneladas de volúmenes solo concentrándose en cada una de sus contradicciones.

El problema básicamente es como la gente abraza el error tan fácilmente, la forma como no cuestionan enseñanzas dudosas, debemos juzgar las acciones y todas las enseñanzas que se nos den siempre... no sabemos si el engañador está entre ellas. Una mentira adornada con trozos de verdad es una mentira en su totalidad, es por eso que los católicos fallamos tanto en nuestra fe, porque no leemos la Biblia con la frecuencia que los cristianos lo hacen e incluso leer el catecismo... a pesar de que tengamos la verdad y la belleza de la Iglesia fundada por Cristo mismo.

También es cierto que los consagrados, cuales tienen que salvar almas, por temor a la persecución permanecen en silencio...

Nunca debemos quedarnos en silencio, los que se quedan en silencio pueden (la mayoría de las veces) perder el martirio y el martirio es el cielo en bandeja de plata, los que son espirituales... entienden estas palabras, miren al verdadero Papa, Benedicto XVI lo mucho que él sufre en martirio seco.

Evangelii Gaudium es muy claro Francisco dice, pues no... es confuso, confuso para aquellos que son fieles y conocen su fe, este abre las puertas al aborto, proclama una herejía cuando dice: "el viejo pacto de los Judíos no está roto", cuando muchos Papas del pasado, concilios, santos y doctores de la fe han dicho lo contrario, pero según Bergoglio ellos están equivocados, si el viejo pacto no está roto de acuerdo a Francisco, entonces también nuestro Padre Todopoderoso se equivocó ya que El (Dios), en el libro de Jeremías 31: 31-34 dice que se rompe, si el viejo pacto no está roto, entonces los Judíos NO necesitan a Jesús como Salvador, así que SI, Francisco es quién está equivocado y con eso, y tantas otras cosas, el efecto Francisco ha abierto las puertas, poco a poco, de la apostasía.

Permanezcamos FIELES...

Permanecer fiel mis hermanos, San Atanasio fue excomulgado y hoy por hoy es un santo, porque él (así como la profecía de San Francisco de Asís decía, ¿recuerdan? Cuando hablaba de los que aceptan el error?), San Atanasio no aceptó error, proclamó la verdad del Evangelio en palabra, obra y lo hizo con amor... hay muchos por ahí proclamando la "verdad" con una pizca de odio y es tan fácil odiar... el odio es del diablo y El amor es de Dios, POR FAVOR... hablen y vivan la verdad de Su Santa Palabra con amor por los que a usted y a nosotros nos están destruyendo, es demasiado fácil a presentar la tarjeta de ira justa, pero eso esa tarjeta es solo de Dios y sus consagrados: Sus siervos, los laicos, no son dignos de ladrar, tenemos que proclamar la verdad con amor y con amor... RESISTIR, permanecer fieles con amor y esperanzados que nos toque el martirio, ya sea en muerte o martirio seco.

Es el amor que salvará a la humanidad y ese Amor está colgando en la cruz.

Ojalá y permanezcamos fieles, para así resistir la tormenta, que proclamemos la verdad con amor y nos convertimos en un faro de luz para aquellos que están en oscuridad... un gran abrazo en Jesucristo. Amén ована # Biografía

En primer lugar mi testimonio: Antes de mi graduación, yo estaba practicando la pediatría en el Hospital de la Universidad Central del Este, allí, desarrollé una neumonía bilateral severa (respiraba sólo a través de dispositivos de respiración), a continuación, tuve una septicemia, mis defensas inmunológicas no funcionaban debido a una aplasia de la médula ósea causada por medicamentos para bajar la fiebre (el medicamento se llama neomelubrina), en estas condiciones, los médicos dijeron que se necesitaría un milagro para salvarme; muchas personas oraron por mí, en muchos lugares en el mundo, dos personas distintas vieron a Jesús que me cuidaba en mi cama, mientras estaba en un estado de coma (7 días en estado de coma)... después de que Jesús me salvó de una muerte segura, tuve que ir a Nueva York para reparar mi tráquea a través de cirugía (más de 15 cirugías), para reparar una estenosis traqueal causada por el respirador artificial que tuve mientras estuve en coma.

Después de 3 años luchando, por fin me recuperé, pero tuve un estoma permanente era todo lo que me quedaba de todas esas cirugías, por lo que ha sido difícil para mí volver a la medicina, (el estoma era una ventana abierta para las infecciones).

Jesús se me apareció en un sueño y me dijo que necesitaba que yo hablará a todo el mundo acerca de Su Misericordia y como prueba de ello, "NO iba haber luz al día siguiente", al día siguiente... no había luz !!

El cielo estaba oscuro todas las nubes grises cubrían el cielo, todo el día se la pasó oscuro (yo estaba en Nueva York en ese momento), mi padre, que estaba en Boston me llamó y le pregunté como estaba el cielo allá, no sabiendo lo que me estaba pasando, él respondió: "todo es oscuro", entonces mi esposa llamó desde Santo Domingo (República Dominicana), y le hize la misma pregunta, ella dijo que "el cielo estaba negro y con muchos relámpagos", después de eso... Yo sabía lo que tenía que hacer, tenía que decirle a todo el mundo acerca de la Jesús y Su dulce Misericordia...

Nací en Nueva York el 21 de noviembre de 1972, hijo del Dr. Rafael González y Amaury Frías. Después de que mis padres se divorciaron mi madre nos llevó a la República Dominicana, por lo que fue criado en Santo Domingo, República Dominicana; Encontré a Jesucristo el 18 de septiembre 1992 "Toda mi vida y nunca supe que Jesús estaba vivo y lo encontré en la Iglesia Católica." Empeze una familia con María Tejada en el 1997 mi encantadora esposa, ese mismo año tomé la medicina como carrera en la Universidad Central del Este (UCE) en San Pedro de Macorís y me gradué en el 2005, justo antes de la graduación me enfermé, debido a la severidad de mis enfermedades no podía ejercer como médico por el peligro inminente de infecciones a través de mi estoma, hoy por hoy practico mi fe... abogando la Misericordia de Jesús a través de la recepción de la Eucaristía en la lengua en lugar de la mano de San Petersburgo, Florida, y espero que pronto pueda entrar en la vida consagrada a Jesús, a través del Diaconado por favor oren por mí, mis hermanos y hermanas para que esto suceda. Amén.

Bibliografía

(todas las fuentes son en Inglés)

La Salette: http://www.thepopeinred.com/secret.htm

Introducción:

(1)http://www.usatoday.com/story/weather/2013/02/12/lightning-bolt-strikes-vatican-pope-benedict-resignation/1913095/

La profecía de San Francisco de Asís:

(1)http://www.novusordowatch.org/francis.htm

(*Works of the Seraphic Father St. Francis Of Assisi*, [London: R. Washbourne, 1882], pp. 248-250; underlining and paragraph breaks added.)

(*)http://www.periodistadigital.com/religion/vaticano/2014/10/02/non-e-francesco-un-libro-cuestiona-la-legitimidad-de-bergoglio-religion-iglesia-antonio-socci-papa-francisco.shtml

(**)http://chiesa.espresso.repubblica.it/articolo/1350910?eng=y

(***)https://fromrome.wordpress.com/2014/12/09/the-great-reformer-francis-and-the-making-of-a-radical-pope/

(2)https://www.catholicculture.org/news/headlines/index.cfm?storyid=10555

(3)http://www.catholicworldreport.com/Blog/2469/the_vatican_and_the_franciscan_friars_of_the_immaculate.aspx

(4) https://www.youtube.com/watch?v=GCchbeZT1lc

(4)http://chiesa.espresso.repubblica.it/articolo/1350910?eng=y

(5)http://www.traditioninaction.org/RevolutionPhotos/A487-BsAs-Homo.htm

(6)http://www.nytimes.com/2013/03/20/world/americas/pope-francis-old-colleagues-recall-pragmatic-streak.html?_r=0

(7)http://www.huffingtonpost.com/2013/05/22/pope-francis-good-atheists_n_3320757.html

(8)http://www.npr.org/sections/thetwo-way/2013/07/29/206622682/pope-francis-discusses-gay-catholics-who-am-i-to-judge

(9)https://www.lifesitenews.com/news/pope-kisses-the-hand-of-gay-activist-priest-allowed-to-concelebrate-mass

(10)http://www.theguardian.com/global/live/2015/may/23/counting-underway-for-irelands-referendum-on-marriage-equality

(11) http://www.massresistance.org/docs/gen2/14b/pride-week/about-pride-week/

(12)https://newwaysministryblog.wordpress.com/2015/05/14/nun-and-priest-join-with-other-irish-catholics-set-to-vote-yes-for-marriage-equality/

(13)http://www.ncregister.com/blog/tim-drake/the-myth-and-the-reality-of-ill-die-in-my-bed

(14)https://www.lifesitenews.com/news/chicagos-archbishop-cupich-communion-for-pro-abortion-politicians-is-a-good

(15) Evangelii Gaudium #47

(16)http://www.huffingtonpost.com/2013/09/19/pope-francis-gay_n_3954776.html

(17)http://www.usatoday.com/story/news/2015/01/19/pope-birth-control-comments/22017365/

(18)http://www.catholicherald.co.uk/news/2014/12/08/communion-not-the-solution-for-divorced-and-re-married-catholics-says-pope/

http://www.catholicherald.co.uk/news/2015/03/24/nearly-500-priests-in-england-and-wales-urge-synod-to-stand-firm-on-communion-for-the-remarried/

Para esos Católicos que deberían saber más de su fe...

(1) http://romancatholicism.org/duty-resist.html

La beata Catalina Emmerich

(1)Blessed Catherine Emmerich, AA II. 488.

(2)http://www.catholicnews.com/data/stories/cns/1403144.htm

(3)http://rorate-caeli.blogspot.com/2014/10/de-mattei-on-synod-relatio-need-to.html

Contradicciones:

(1)http://en.radiovaticana.va/storico/2013/05/22/pope_at_mass_culture_of_encounter_is_the_foundation_of_peace/en1-694445

(2)http://vaticaninsider.lastampa.it/en/news/detail/articolo/francesco-francisco-francis-31406/

(2)https://www.lifesitenews.com/opinion/the-so-called-francis-effect-is-silencing-catholic-bishops-priests-and-lait

(3)http://www.rappler.com/move-ph/issues/disasters/typhoon-yolanda/44305-pope-francis-haiyan-tagle-philippines

(4)http://ncronline.org/blogs/distinctly-catholic/pope-francis-latest-bombshell-interview

(5) http://www.catholicnewsagency.com/news/pope-francis-use-intelligence-to-understand-signs-of-the-times/

(6) http://americamagazine.org/pope-interview

(7)http://www.bbc.com/news/world-asia-30890989

(8)http://www.nytimes.com/2013/07/30/world/europe/pope-francis-gay-priests.html?_r=0

(9) Evangelii Gaudium #247

(10)http://www.breitbart.com/national-security/2014/11/26/we-will-all-meet-in-heaven-says-pope-francis/

(11) final judgment http://www.romereports.com/pg155059-pope-s-audience-don-t-fear-the-final-judgment-jesus-will-be-at-your-side-en

(12)http://www.catholicnews.com/data/stories/cns/1403144.htm

Evangelii Gaudium abre las puertas al aborto:

(1)http://www.americamagazine.org/pope-interview

(2)http://www.vatican.va/holy_father/francesco/apost_exhortations/documents/papa-francesco_esortazione-ap_20131124_evangelii-gaudium_en.html

(3)http://www.cruxnow.com/church/2014/11/08/pope-makes-it-official-burke-is-out-at-vaticans-supreme-court/

Francisco en el parlamento Europeo:
(1)https://w2.vatican.va/content/francesco/en/speeches/2014/november/documents/papa-francesco_20141125_strasburgo-parlamento-europeo.html

(2)http://w2.vatican.va/content/john-paul-ii/en/speeches/1988/november/documents/hf_jp-ii_spe_19881128_deputati-danesi.html

Falsa Misericordia:

(1) http://www.nytimes.com/2013/07/30/world/europe/pope-francis-gay-priests.html?pagewanted=all&_r=0 Pope Francis telling reporters "Who am I to judge" on a Gay priest.
(2) If a man lies with a male as with a woman, both of them shall be put to death for their abominable deed; they have forfeited their lives.
(3) http://sspx.org/en/news-events/news/bishop-fellay-church-situation-catastrophic-5393 Bishop Fellay remarks on the Synod celebrated on October 2014.
4) "and you will know the truth, and the truth will set you free."

Papa Benedicto hace una línea en la arena...

(1) http://www.cardinalnewmansociety.org/CatholicEducationDaily/DetailsPage/tabid/102/ArticleID/3638/Pope-Emeritus-Benedict-XVI-Renunciation-of-Truth-Is-Lethal-to-Faith.aspx

(2) http://www.remnantnewspaper.com/Archives/2013-0228-siscoe-bishop-dressed-in-white.htm

Pensilvania y laudato si:

(1) http://w2.vatican.va/content/francesco/en/encyclicals/documents/papa-francesco_20150524_enciclica-laudato-si.html

(2) Evangelii Gaudium #47

(3) http://www.novusordowatch.org/francis.htm

(*Works of the Seraphic Father St. Francis Of Assisi*, [London: R. Washbourne, 1882], pp. 248-250; underlining and paragraph breaks added.)

Antipapa Francisco: 10 razones porque Francisco es un antipapa (el falso profeta)

(1)   http://en.wikipedia.org/wiki/Antipope

(2)   http://en.wikipedia.org/wiki/Pope_Boniface_VIII
(3http://www.catholicnews.com/data/stories/cns/1303303.htm
(4)   Pope Benedict XVI, light of the world p.152.
(5)   http://www.news.va/en/news/pope-francis-at-morning-consistory-session
(6)http://www.catholicnewsagency.com/resources/sacraments/eucharist/reception-of-holy-communion-by-the-divorced-and-remarried-members-of-the-faithful/
(7)http://chiesa.espresso.repubblica.it/articolo/1350910?eng=y
(8)   On heaven and earth by Jorge Mario Bergoglio and Abraham Skorka p. 12
(9)   http://rorate-caeli.blogspot.com/2013/06/pope-to-latin-american-religious-full.html
(10) Evangelii Gaudiim #83
http://w2.vatican.va/content/francesco/en/apost_exhortations/documents/papa-francesco_esortazione-

ap_20131124_evangelii-gaudium.html

(11) josephmaryam.wordpress.com Translation from the blog: Lumen Mariae, see the translation from Spanish to English word by word at: yucanation.blogspot.com

(12) Works of the Seraphic Father St. Francis Of Assisi, [London: R. Washbourne, 1882], pp. 248-250

(13) Evangelii Gaudiim #214 http://w2.vatican.va/content/francesco/en/apost_exhortations/documents/papa-francesco_esortazione-ap_20131124_evangelii-gaudium.html

(14) http://ncronline.org/blogs/francis-chronicles/latest-interview-pope-francis-reveals-top-10-secrets-happiness

(15) http://www.rappler.com/move-ph/issues/disasters/typhoon-yolanda/44305-pope-francis-haiyan-tagle-philippines

(16) http://www.romereports.com/pg155489-francis-to-refugees-christian-or-muslim-the-faith-your-parents-instilled-in-you-will-help-you-move-o-en

(17) On heaven and earth by Jorge Mario Bergoglio and Abraham Skorka p. 236

(18) http://www.novusordowatch.org/wire/palmer-not-convert-buried.htm

(19) http://www.repubblica.it/cultura/2013/10/01/news/pope_s_conversation_with_scalfari_english-67643118/

(20) http://ncronline.org/blogs/francis-chronicles/latest-interview-pope-francis-reveals-top-10-secrets-happiness

(21) http://rorate-caeli.blogspot.com/2014/12/for-record-in-week-of-papal-firsts-all.html

(22) http://www.news.va/en/news/mass-at-santa-marta-

why-boast-about-sins
(23) http://www.jesus-is-savior.com/False%20Religions/Lutherans/truth_about_martin_luther.htm
(24) http://www.stjosephschurch.net/deadly.htm
(25) http://yucanation.blogspot.com/2014/06/bergoglio-denies-jesus.html
(26) http://www.vatican.va/archive/ENG0839/_INDEX.HTM
(27) On heaven and earth by Jorge Mario Bergoglio and Abraham Skorka p. 220-221

No todo es malas noticias:

(1) http://catholicexchange.com/the-anti-pope-who-became-saint

Ultimas palabras:

(1) http://www.catholicherald.co.uk/news/2014/12/08/communion-not-the-solution-for-divorced-and-re-married-catholics-says-pope/